essentials

essentials liefern aktuelles Wissen in konzentrierter Form. Die Essenz dessen, worauf es als „State-of-the-Art" in der gegenwärtigen Fachdiskussion oder in der Praxis ankommt. *essentials* informieren schnell, unkompliziert und verständlich

- als Einführung in ein aktuelles Thema aus Ihrem Fachgebiet
- als Einstieg in ein für Sie noch unbekanntes Themenfeld
- als Einblick, um zum Thema mitreden zu können

Die Bücher in elektronischer und gedruckter Form bringen das Fachwissen von Springerautor*innen kompakt zur Darstellung. Sie sind besonders für die Nutzung als eBook auf Tablet-PCs, eBook-Readern und Smartphones geeignet. *essentials* sind Wissensbausteine aus den Wirtschafts-, Sozial- und Geisteswissenschaften, aus Technik und Naturwissenschaften sowie aus Medizin, Psychologie und Gesundheitsberufen. Von renommierten Autor*innen aller Springer-Verlagsmarken.

Weitere Bände in der Reihe http://www.springer.com/series/13088

Daniel Graewe · Mike Bogensee

Genderneutrale Sprache im Unternehmen

Zwischen unternehmerischem Können und arbeitsrechtlichem Dürfen

Daniel Graewe
GRAEWE Legal
Hamburg, Deutschland

Mike Bogensee
Ehler Ermer & Partner
Flensburg, Deutschland

ISSN 2197-6708   ISSN 2197-6716 (electronic)
essentials
ISBN 978-3-658-35156-4   ISBN 978-3-658-35157-1 (eBook)
https://doi.org/10.1007/978-3-658-35157-1

Die Deutsche Nationalbibliothek verzeichnet diese Publikation in der Deutschen Nationalbiblio-
grafie; detaillierte bibliografische Daten sind im Internet über http://dnb.d-nb.de abrufbar.

Planung/Lektorat: Irene Buttkus
Springer Gabler ist ein Imprint der eingetragenen Gesellschaft Springer Fachmedien Wiesbaden
GmbH und ist ein Teil von Springer Nature.
Die Anschrift der Gesellschaft ist: Abraham-Lincoln-Str. 46, 65189 Wiesbaden, Germany

Was Sie in diesem *essential* finden können

- Einführung in die Genderthematik
- Gesellschaftsrechtliche Analyse der Einführung von Gendersprache in Unternehmen
- Arbeitsrechtliche Analyse der Einführung von Gendersprache in Unternehmen

Geleitwort

Das Thema genderneutrale Sprache im Unternehmen und in der Gesellschaft wird immer mehr diskutiert. Dieses Buch bietet einen gelungenen Einblick in die Spannungsfelder dieser Thematik, bspw. zwischen Können und Dürfen oder zwischen Sinn und Unsinn der konkreten Umsetzung in den Alltag. Aus einer psychologischen Perspektive lässt sich einleitend festhalten, dass die Wirkung von geschlechtsbasierten Stereotypen und Vorurteilen zweifelsfrei nachgewiesen ist. Aus vielfältigen evolutionären und kulturellen Gründen werden Individuen noch immer aufgrund ihres Geschlechts vorschnell beurteilt und typisiert. Insbesondere für Frauen ist dies oft nachteilhaft, was sich beispielsweise an einer geringeren Bezahlung für ähnliche Arbeiten zeigt (Gender Pay Gap). Aber auch die Festlegung auf bestimmte Rollenmuster kann für Individuen sehr belastend sein, egal welchem Geschlecht sie sich zugehörig fühlen. In einer individualisierten, säkularen, hoch-technologisierten und dem Prinzip der Rechtsstaatlichkeit verpflichteten Gesellschaft erscheinen Geschlechts-Stereotype und Vorurteile daher wie ein Anachronismus, der das Grundrecht der freien Persönlichkeitsentwicklung einschränkt.

Die Wahl der Mittel jedoch muss differenziert und aus verschiedenen Perspektiven betrachtet werden und genau dies leistet das vorliegende Werk. Eine psychologische Sichtweise, die auf dem Lebenswerk des mit dem Nobelpreis für Ökonomie ausgezeichneten Psychologen Daniel Kahneman aufbaut, soll diese differenzierte Betrachtung einleiten. In seinem lesenswerten Buch „Schnelles Denken, Langsames Denken" führt Kahneman detailliert aus, dass in evolutionären und historischen Zeiträumen Automatisierungstendenzen entstehen, die als Heuristiken, Stereotype und Instinkte das Verhalten schnell, anstrengungslos und weitgehend unbewusst steuern. Dieses schnelle Denken leistet gute Dienste im Alltag, ist aber oft impulsiv und macht viele Fehler, die katastrophal enden können. Im Laufe der Evolution hat sich daher beim Menschen ein zweites System, das langsame Denken, entwickelt. Dies soll das evolutionär ältere schnelle Denken mit seinen Instinkten, Emotionen und unbewussten Trieben kontrollieren und bändigen, was allerdings oft nur unzureichend gelingt. Das langsame Denken braucht daher Unterstützung durch bewusste Verzögerung automatisierter Abläufe, durch „Störer", durch planvolle, bewusste Prozesse. Juristen wissen sehr gut, wie wichtig diese Prozesse sind, wo sie eine heilsame Wirkung haben und wo sie implementiert werden können. Möge dieses langsame Denken auch bei der Thematik der genderneutralen Sprache seine heilsame Wirkung entfalten.

Hamburg   Prof. Dr. David Scheffer
im Frühjahr 2021

Vorwort

„Liebe Audianer_innen", das Medienecho zu dieser Begrüßung seiner Mitarbeiter durch den Automobilhersteller **Audi** im März 2021 gab den Anlass für das Schreiben dieses Buches. Mit der Einführung von genderneutraler Sprache will das Ingolstädter Traditionsunternehmen „alle Geschlechter bewusst sichtbar machen" und „Raum schaffen für alle nicht binären Geschlechtsidentitäten". Es folgten die gewohnten Verhaltensmuster im Social Media-Bereich; einer Empörungswelle (sog. „Shitstorm") wegen der Einführung der Sprachregelung folgte die nächste, weil sich über die Einführung empört wurde.

Gender – kaum ein aktuelles Thema emotionalisiert die Gesellschaft derzeit mehr. Die einen sehen es bestenfalls als „Orchidee der Sozialwissenschaft", die eine „neue Normalität ohne Normalität" schaffen wolle, schlimmstenfalls als Phänomen einer „übersättigten Wohlstandsgesellschaft", deren Vertretern eine „Rückkopplung an die Realität" fehle. Die anderen sehen das Thema als Beitrag zur Schaffung „gleicher Verhältnisse" für „alle Geschlechter", indem „stereotype Rollenbilder" hinterfragt und abgeschafft werden sollen.

Durch die breite Thematisierung der Gender Studies und deren gesellschaftlicher Polarisierung war es nur eine Frage der Zeit, bis die Diskussion auch in die unternehmerische Wirklichkeit vordringen würde. Und in der Tat findet sich das Thema, insbesondere bei Großunternehmen, die in der Öffentlichkeit stehen, auf der auf der Agenda wieder. Von der Schaffung von Vorstandsressorts für Diversity bis hin zum Umbau auf „Unisex-Toiletten" in der Werkshalle.

Gleichzeitig ist die rechtswissenschaftliche Literatur, die sich mit der Umsetzung von Erkenntnissen der Gender Studies im unternehmerischen Bereich beschäftigt, noch übersichtlich. Dabei besteht zugleich jedoch ein großer Bedarf

an Handreichungen für Arbeitgeber, insbesondere was eine der greifbarsten Ausprägungen von Gender für Unternehmen anbelangt, die genderneutrale Sprache.
Dieses Defizit soll das vorliegende Werk ein Stück weit ausgleichen.

Die Autoren danken Frau Nita Sophia Karkheck, wissenschaftliche Mitarbei-
terin am Institut für angewandtes Wirtschaftsrecht an der NORDAKADEMIE
Hochschule der Wirtschaft, und Herrn Roman Mulke, Rechtsreferendar bei der
Kanzlei Ehler Ermer & Partner, für ihre Mitarbeit an diesem Buch.

Hamburg   Daniel Graewe
im Frühjahr 2021   Mike Bogensee

Inhaltsverzeichnis

Über die Autoren

Prof. Dr. Daniel Graewe, LL.M. gehört laut Handelsblatt zu den führenden Wirtschaftsanwälten in Deutschland und ist Direktor des Instituts für angewandtes Wirtschaftsrecht in Hamburg. Seine Kanzlei GRAEWE Legal gehört laut Branchendienst Legal500 zu den führenden Wirtschaftskanzleien in Norddeutschland und ist spezialisiert auf Unternehmensrecht, Compliance und Handelsrecht.
E-Mail: daniel.graewe@graewe.legal

Mike Bogensee, LL.M. (London) ist Rechtsanwalt am Flensburger Standort der überörtlichen und interdisziplinären Kanzlei Ehler Ermer & Partner. Als Fachanwalt für Arbeitsrecht und Fachanwalt für Handels- und Gesellschaftsrecht berät er mittelständische Mandanten umfassend zu sämtlichen Fragen des Individual- und Kollektivarbeitsrechts sowie zu gesellschaftsrechtlichen Themen.
E-Mail: mike.bogensee@eep.info

- Gendersprache
- Gesellschaftsrecht
- Arbeitsrecht
- Allgemeines Gleichbehandlungsgesetz (AGG)
- Corporate Social Responsibility (CSR)
- Unternehmen
- Gender

Einleitung

1

Die katholische Kirche begrüßte unlängst „Neue Kirchenmusiker*innen", der Duden online kennt neben der „männlichen Form" des Gastes nun auch die „Gästin" und das ZDF bemüht sich fortan, auch negativ-konnotierte Formen zu gendern („Rechtspopulist:innen" und „Mörder:innen").[1] Eine Umfrage der FAZ ergab jüngst, dass auch über die Hälfte der DAX-Konzerne beabsichtigt, eine **genderneutrale Sprache** einzuführen.[2] Größeres Medienecho hat in diesem Zusammenhang allerdings die Ankündigung der Audi AG hervorgerufen, zum 1. März 2021 eine „genderneutrale" Sprache im Unternehmen einzuführen. Eine interne Audi-Arbeitsgruppe erstellte hierzu eine 13-seitige Broschüre mit dem Titel „Vorsprung beginnt im Kopf", in der der Arbeitgeber anrät, genderneutral zu kommunizieren. Dazu zählen etwa die Verwendung von Begriffen, die das Geschlecht unsichtbar machen, wie neutrale Bezeichnungen[3], Partizipformen[4] oder Passivkonstruktionen[5], sowie eine Variante, die alle Geschlechter bewusst sichtbar macht („Audianer_Innen"); Audi selbst spricht seine Arbeitnehmer nun insoweit mit eben dieser Bezeichnung an. Bislang nutzte der Mutterkonzern

---

[1] Hierzu existiert ein öffentlicher Brief der Stiftung Deutsche Sprache an das ZDF, worin darauf hingewiesen wurde, dass primär neutrale und positiv-konnotierte Begriffe gegendert würden, nicht hingegen aber negativ besetzte. Das ZDF antwortete daraufhin, dass es sich bemühen werde, konsequenter zu gendern, vgl. https://www.rnd.de/medien/verein-protes tiert-gegen-gendersprache-bei-ard-und-zdf-NOHYHUXS3BGFZA37CPETHELJ6Q.html.

[2] https://www.faz.net/aktuell/wirtschaft/unternehmen/mehrheit-der-dax-konzerne-setzt-auf-gendersprache-17261408.html.

[3] Z. B. „Elternteil" statt „Vater" oder „Mutter".

[4] Z. B. „Audifahrende" statt „Audifahrer".

[5] Z. B. „Es muss…" statt „Mitarbeiter müssen…".

D. Graewe und M. Bogensee, *Genderneutrale Sprache im Unternehmen*, essentials, https://doi.org/10.1007/978-3-658-35157-1_1

Volkswagen noch keine genderneutrale Sprache – zumindest in der Kommunikation nach außen. Derzeit wird dort allerdings geprüft, „wie sich diversitysensible Sprache nachhaltig umsetzen lässt", wie die FAZ berichtet.[6]

Fragestellung

Bislang ist die Einführung genderneutraler Sprache bei Audi also lediglich ein „Ratschlag" des Arbeitgebers. Abzuwarten bleibt, ob zukünftig daraus – bei Audi und in anderen Unternehmen – eine Verpflichtung erwachsen wird. Damit geht zwangsläufig die Frage einher, ob dies als Arbeitgeber aus gesellschafts- und arbeitsrechtlicher Sicht entsprechend verpflichtend im Unternehmen rechtssicher eingeführt werden soll und kann.◄

---

[6] FAZ-Artikel abrufbar unter https://www.faz.net/aktuell/wirtschaft/audi-setzt-ab-sofort-auf-geschlechtergerechte-sprache-17223454.html.

Genderneutrale Sprache

2

Für die Beantwortung dieser Frage ist zunächst das Objekt der nachstehenden Untersuchungen, die genderneutrale Sprache, näher zu betrachten.

2.1 Ausgangspunkt

Sprachlich lässt sich jedes Substantiv im Deutschen eindeutig hinsichtlich seines Genus klassifizieren. Die als „**grammatisches Geschlecht**" definierten Genera – maskulin, feminin, neutrum – sind am Nomen selbst meist nicht erkennbar, lassen sich aber anhand der Artikel oder Pronomina festlegen. Darüber hinaus sind die Substantive den Deklinationsklassen unterworfen, welche an diesen selbst ablesbar und an Kasus und Numerus orientiert sind. In der englischen Sprache sind beide Klassifizierungen verworfen worden.[1]

Das biologische Geschlecht basiert auf der **binären Geschlechterordnung** des Menschen. Doch bereits in der griechisch-römischen **Antike** waren innerhalb dieser Klassifizierung abweichende biologische Geschlechtsformen bekannt – man denke hierbei an den Hermaphrodituskult.[2] Das aus der Verbindung von Aphrodite und Hermes hervorgegangene Kind wies sowohl weibliche als auch männliche Charakteristika auf.[3] Seitdem wird über den „Zusammenhang

---

[1] Kotthoff/Nübling (Hrsg.), Genderlinguistik – Eine Einführung in Sprache, Gespräch und Geschlecht, Tübingen: Narr 2018, S. 61 f.

[2] Voß, Das differenzierte Geschlechterverständnis der Antike, in: Gender, 2: S. 61–74, 2009, S. 7.

[3] Anders als in der heutigen Gesellschaft wurde den geschlechtlich mehrdeutigen Kindern jedoch die Existenzberechtigung abgesprochen, vgl. Voß, Das differenzierte Geschlechterverständnis der Antike, 2009, S. 7.

© Der/die Autor(en), exklusiv lizenziert durch Springer Fachmedien Wiesbaden GmbH, ein Teil von Springer Nature 2021
D. Graewe und M. Bogensee, *Genderneutrale Sprache im Unternehmen*, essentials, https://doi.org/10.1007/978-3-658-35157-1_2

von **biologischem Geschlecht** (Sexus) und grammatischem Genus spekuliert"[4]. Etymologisch lässt sich Genus als „Gattung" auf Aristoteles zurückführen, im Lateinischen beschreibt es ebenfalls „Art" oder „Geschlecht". Die lateinische Terminologie der Genera, die sich mit denen des Sexus – dem biologischen Geschlecht – deckt, „ist sicher eine Ursache der Vermischung von Genus und Sexus."[5] Und die Diskussion um ebenjene vermeintliche Vermischung bildet einen zentralen argumentativen Strang in der sogenannten **„Genderdebatte".** Einer Debatte, die unseren Sprachgebrauch infrage stellt, von eigens ins Leben gerufenen akademischen Disziplinen begleitet wird, Gegenstand (auch höchstrichterlicher) Gerichtsentscheidungen war und ist, sowie insbesondere in Behörden, Universitäten, Medien – und neuerdings auch den Unternehmen – neue (auch orthografische) Maßstäbe setzt. „Bis heute ist die Disziplin der feministischen Linguistik bzw. Genderlinguistik ein umstrittenes und ideologisch umkämpftes Feld (...)", auf dem von sprachkonservativ bis hin zu queer-feministisch manövriert wird.

▶ **Definition„Gender"** Im Unterschied zu dem „meist an den Genitalien orientierte[n] Geschlecht" Sexus beschreibt „**Gender** die daran andockenden Praktiken der Geschlechterdarstellung (doing gender)"[6] oder auch das **„soziale und kulturelle Geschlecht"**[7]. Mit „Gender" wird somit ein kulturell konstruiertes Geschlecht umschrieben.

2.2   Entwicklung

Im **Jahr 1908** wurde Frauen offiziell das Recht auf ein Universitätsstudium zugestanden, im selben Jahr „legalisierte endlich ein einheitliches Reichsvereinsgesetz politische Versammlungen von Frauenvereinen"[8], zehn Jahre später wurde das Wahlrecht verabschiedet.[9] Als die zweite Frauenbewegung in den

---

[4] Oomen-Welke, Sexus und Genus in den Sprachen, in: Epp (Hrsg.), Gender Studies Interdisziplinäre Ansichten 1, Freiburg i. Br.: Druckerei Franz Weis GmbH 2004, S. 53.

[5] Oomen-Welke, Sexus und Genus in den Sprachen, 2004, S. 55.

[6] Kotthoff/Nübling, Genderlinguistik, 2018, S. 18, 61.

[7] Schneider, Geschlechtergerechter Sprachgebrauch im Deutschen: grammatische, pragmalinguistische und gesellschaftliche Aspekte, in: Albert et al. (Hrsg.), Political Correctness – Kultur- und sozialgeschichtliche Perspektiven, Baden-Baden: Tectum Verlag 2020, S. 46.

[8] Erbes, Die historische Entwicklung der Frauenbewegung, in: Epp, (Hrsg.), Gender Studies Interdisziplinäre Ansichten 1, Freiburg i. Br.: Druckerei Franz Weis GmbH 2004, S. 211.

[9] Erbes, Die historische Entwicklung der Frauenbewegung, 2004, S. 203 ff.

Siebzigerjahren einsetzte, war die Gleichstellung und Gleichberechtigung der Frauen rechtsstaatlich bereits etabliert. Das ursprünglich patriarchale System und die damit einhergehende untergeordnete Stellung der Frau wurden durch den Erfolg der Frauenbewegungen damit zu Recht beseitigt. In dieser Tradition und diesem Kontext wähnt sich der heutige Gender-Ansatz. Auf der Agenda unter anderem „die mit den Geschlechtern assoziierten intellektuellen und sprachlichen Unterschiede und deren Niederschlag in Elementen des sprachlichen Systems"[10]. Schon an dieser Formulierung erkennt man die primär identitätspolitische Dimension. Den zusätzlich existierenden und innerhalb der binären Ordnung bisher nicht berücksichtigten Geschlechtern sollte eine eigene Kategorie und damit nach Ansicht der Genderforschung die (bis heute) **fehlende gesellschaftliche Wertschätzung** zuteil werden.

Die heute aktuelle Diskussion über Sprache und Geschlecht lässt sich zurückführen auf „eine der Urfragen der Philosophie überhaupt, die nach dem Verhältnis von Sprache, Denken und Wirklichkeit." Die feministische Sprachkritik und die wissenschaftliche Auseinandersetzung mit dem „geschlechtergerechten" Sprachgebrauch im Deutschen geht dabei bis in die 1970er Jahre zurück.[11]

Damals führte *Judith Butler* die „Erkenntnis, dass Geschlechtsidentitäten keine statischen, unveränderbaren Ordnungskategorien"[12] seien in den „wissenschaftlichen Diskurs um Geschlechtsidentitäten" ein. Hinsichtlich der **sozialen Identitäten** existieren in unserer heutigen Gesellschaft kaum noch Zweifel und Grenzen. Was hingegen das biologische Geschlecht betrifft, kann weniger subjektiv geurteilt werden.

„Wenn *Judith Butler* behauptet: ‚Anatomie ist ein soziales Konstrukt', dann hat sie die Evidenz [aber] gegen sich. Die Menschheit gliedert sich überall in zwei Geschlechter mit einer Grauzone dazwischen", mit der sich auch bereits das Bundesverfassungsgericht befassen musste; freilich ohne auch die (sprachlichen) Folgen zu bedenken, welche die Genderforschung schon länger versucht, mit Nachdruck in dem gesellschaftlichen Diskurs zu verankern. „Anredeformeln wie ‚Meine Damen und Herren' oder ‚Liebe Kolleginnen und Kollegen'" – ganz zu schweigen vom generischen Maskulinum (dazu näher sogleich in Abschn. 2.3),

---

[10] Klann-Delius, Sprache und Geschlecht, Stuttgart: J.B. Metzlersche Verlagsbuchhandlung 2005, S. 6.

[11] Schneider, Geschlechtergerechter Sprachgebrauch im Deutschen, 2020, S. 45.

[12] Reisigl/Spieß, Noch einmal: Sprache und Geschlecht – Eine Thematik von bleibender Aktualität, in: Reisigl/Spieß (Hrsg.), Sprache und Geschlecht – Band 2: Empirische Analysen, Duisburg: Universitätsverlag Rhein-Ruhr 2017, S. 11.

sind durch dieses „**dritte Geschlecht**", das inzwischen gut fünfzig Varianten aufweisen soll, ganz erheblich unter Druck geraten.[13]

Forschung und Praxis im Bereich der Gendersprache widmet sich u. a. der textuellen Repräsentation der Geschlechter[14]; ihrer angeblichen Marginalisierung (insbesondere des weiblichen und der „diversen Geschlechter"), beispielsweise durch das generische Maskulinum, und der Manifestation einer gesellschaftlichen Zweitrangigkeit durch Sprache. Aus feministischer und queertheoretischer Sicht wird eine geschlechtergerechte Sprache eingefordert, die „sprachlich allen Geschlechtern **Gerechtigkeit** widerfahren lasse"[15]. Dabei wird zumeist darauf abgestellt, die generische Form anhand einer „Feminisierungs- („die Studentinnen und Studenten") und einer Neutralisierungsstrategie (die „Studierenden")"[16] zu ersetzen.

In dieser Umsetzung sprach die Dresdner Bank bereits im **Jahr 1991** in einer Annonce „Wertpapierexpertinnen und -experten" an und im **Jahr 2000** wurde im Auftrag des Ministeriums für Justiz, Frauen, Jugend und Familie des Landes Schleswig-Holstein ein Leitfaden zur geschlechtergerechten Formulierung mit dem Titel „Mehr Frauen in die Sprache" veröffentlicht.[17] Mit dem Urteil des Bundesverfassungsgerichts aus dem **Jahr 2017,** wurde neben den binären Kategorien „männlich" und „weiblich" mit „divers" schließlich eine dritte Möglichkeit der amtlichen Eintragung des Geschlechts geschaffen (dazu näher sogleich in Abschn. 2.5).

Dass sich der Konflikt um genderneutrale Sprache und deren Ausprägungen weiterhin zuspitzt, zeigte sich jüngst im **Frühjahr 2021** im Fall der Universität Kassel. Hier wurde ein Lehramtsstudent mit Punktabzug sanktioniert, nachdem er ausschließlich das generische Maskulinum verwendete.[18] Ein Vorgang, der juristisch im Ergebnis jedoch nur schwer haltbar sein dürfte. „Für den Hochschulbereich erscheint fraglich, ob die Forderung einer ‚gegenderten Schreibung' in systematischer Abweichung vom amtlichen Regelwerk der deutschen

---

[13] Glück, Geschlecht und Schreibweise: Eine kleine Sex-Grammatik, in: Ammer, Die deutsche Sprache und ihre Geschlechter, Paderborn: IFB Verlag Deutsche Sprache 2019, S. 28.

[14] Kotthoff/Nübling, Genderlinguistik, 2018, S. 16.

[15] Reisigl/Spieß, Noch einmal: Sprache und Geschlecht – Eine Thematik von bleibender Aktualität, 2017, S. 17.

[16] Klann-Delius, Sprache und Geschlecht, 2005, S. 185.

[17] Klann-Delius, Sprache und Geschlecht, 2005, S. 183, 187.

[18] Vgl. Welt, Student benutzt keine genderneutrale Sprache – Punktabzug, 31.03.2021, https://www.welt.de/vermischtes/article229535073/Kassel-Student-benutzt-keine-gender neutrale-Sprache-Punktabzug.html, 9.4.2021.

Rechtschreibung für schriftliche Leistungen der Studierenden und die Berücksichtigung ‚gegenderter Schreibung' bei deren Bewertung durch Lehrende von der Wissenschaftsfreiheit der Lehrenden und der Hochschulen gedeckt ist." Hochschulen und deren Lehrkräfte haben die Freiheit des Studiums nicht nur bei der Wahl von Lehrveranstaltungen, sondern auch bei der Erarbeitung und Äußerung wissenschaftlicher Meinungen der Studierenden zu beachten und zu schützen.[19]

2.3 Generisches Maskulinum

Dabei ist die Frage nach der zutreffenden Benennung von Geschlechtern hinsichtlich etwa Berufsbezeichnungen keine neue. Bereits im Jahr 1903 hielt *Gustav Wustmann* fest: „Von Arzt hat man in neuerer Zeit Ärztin gebildet. Manche getrauten sich das anfangs nicht zu sagen und sprachen von weiblichen Ärzten, es ist aber gar nichts dagegen einzuwenden (…)".[20] Hier wurde der gesellschaftlichen Veränderung, dass Frauen Zugang zu von zuvor männlich dominierten Tätigkeiten bekamen, sprachlich und nach gebräuchlichen grammatischen Prinzipien (Suffix „-in" als weibliche Kennzeichnung) Rechnung getragen.

Der wissenschaftliche Diskurs um das **„generische Maskulinum"** – welches besagt, „dass eine Form im maskulinen Genus benutzt wird, um Personen unabhängig von ihrem Geschlecht zu bezeichnen" – wird häufig **sprachpolitisch** beeinflusst. Die geschlechterneutrale Bedeutung des generischen Maskulinums leitet sich daraus ab, dass es „keinen Bezug zum Gender bzw. Sexus, nur zum Genus"[21] habe. „Lehrer besteht aus zwei Bausteinen, dem Verbstamm ‚lehr' und dem Suffix ‚er', das ein maskulines Substantiv mit der Bedeutung ‚eine Person, die lehrt' bildet".[22] „Wenn in der Zeitung steht: ‚Die deutschen Steuerzahler und besonders die Autofahrer werden wieder einmal zur Kasse gebeten', dann versteht jeder, dass Personen bestimmter Art bezeichnet sind", unabhängig vom biologischen Geschlecht und/oder ihrer sexuellen Orientierung: heterosexuelle, lesbische,

---

[19] Rat für deutsche Rechtschreibung, Geschlechtergerechte Schreibung: Empfehlungen vom 26.03.2021.

[20] Meinunger/Baumann (Hrsg.), Die Teufelin steckt im Detail – zur Debatte um Gender und Sprache, Berlin: Kulturverlag Kadmos 2017, S. 26.

[21] Schneider, Geschlechtergerechter Sprachgebrauch im Deutschen, 2020, S. 47.

[22] Eisenberg, Das Deutsche ist eine geschlechtergerechte Sprache – ohne Zwang und ohne Manipulation, in: Bundeszentrale für politische Bildung, 8.8.2018, https://www.bpb.de/gesellschaft/gender/geschlechtliche-vielfalt-trans/269909/peter-eisenberg-das-deutsche-ist-eine-geschlechtergerechte-sprache-ohne-zwang-und-ohne-manipulation, 08.04.2021.

homosexuelle, bisexuelle, queere, asexuelle, pansexuelle, intersexuelle, transsexuelle sowie Personen mit allen anderen geschlechtlichen/sexuellen Orientierungen sind in gleicher Weise Steuerzahler. „Niemand ist sprachlich diskriminiert."[23]

Da die generisch gebrauchten Substantive in ihrer Doppeldeutigkeit eben gerade entweder generisch Anwendung finden oder sich auf eine männliche Person beziehen können, sind sie jedoch vom Kontext und von der Opposition abhängig.[24] Als generische Form angewandt beziehen sie sich auf kein natürliches Geschlecht. Ein Kritikpunkt bezüglich der linguistischen Argumentation gegen das generische Maskulinum beläuft sich daher darauf, dass die Sprache anhand der damit einhergehenden Forderungen erst sexualisiert werde. Obwohl das Genus in den indoeuropäischen Sprachen nicht aus dem Sexus hervorgegangen ist[25], gibt es dennoch Personenbezeichnungen, die sich systematisch auf den Sexus der bezeichneten Person beziehen.[26] Die generische Anwendbarkeit des Maskulinums sollte dadurch nicht beeinträchtigt werden, ist es doch gerade die gesellschaftliche Errungenschaft, dass Frauen auch „Richter" werden können und somit unter die Bezeichnung fallen.

2.4   Weitere Geschlechter

Aber auch nach heute flächendeckender Einführung der Beidnennung wie „Richterinnen und Richter" im Rahmen einer geschlechtergerechten Sprache im Sinne der **binären Ordnung,** führt dies aus Sicht der Genderforschung aufgrund der expliziten Nennungen des weiblichen und männlichen Geschlechts dennoch zu Diskriminierungen. „Aus biologischer Perspektive ist nämlich in Deutschland bspw. juristisch mittlerweile auch ein drittes Geschlecht akzeptiert, das mit der Doppelform in der bisherigen, feministischen Debatte nicht mitabgedeckt wird."[27] Das „Gendersternchen" soll seit der Debatte über das dritte Geschlecht eben

---

[23] Eisenberg, Das Deutsche ist eine geschlechtergerechte Sprache – ohne Zwang und ohne Manipulation, 2018.

[24] Schneider, Geschlechtergerechter Sprachgebrauch im Deutschen, 2020, S. 48.

[25] Werner, Genus ist nicht Sexus, in: Meinunger/Baumann (Hrsg.), Die Teufelin steckt im Detail – zur Debatte um Gender und Sprache, Berlin: Kulturverlag Kadmos 2017, S. 270.

[26] Stefanowitsch, Genderkampf, in: Meinunger/Baumann (Hrsg.), Die Teufelin steckt im Detail – zur Debatte um Gender und Sprache, Berlin: Kulturverlag Kadmos 2017, S. 122.

[27] Werner, Genus ist nicht Sexus, 2017, S. 270.

gerade „**jedwedes Gender** und nicht nur weiblich oder männlich"[28] symbolisieren. Jedoch hat sich der Rat für deutsche Rechtschreibung jüngst in seiner „Empfehlung vom 26.03.2021" dagegen ausgesprochen, „Asterisk („Gender-Stern"), Unterstrich („Gender-Gap"), Doppelpunkt oder andere verkürzte Formen zur Kennzeichnung mehrgeschlechtlicher Bezeichnungen im Wortinneren in das Amtliche Regelwerk der deutschen Rechtschreibung zu diesem Zeitpunkt" aufzunehmen.[29]

2.5 Urteil des Bundesverfassungsgerichts

Das Bundesverfassungsgericht ermöglichte es durch sein Urteil im Oktober 2017, das Personenstandsgesetz dahingehend zu ändern, dass ein positiver Geschlechtseintrag für Inter- oder Transsexuelle ermöglicht wurde. Zuvor war das Gesetz, laut Urteilsbegründung, mit dem allgemeinen Persönlichkeitsrecht und mit Art. 3 Abs. 3 Satz 1 des Grundgesetzes unvereinbar. Damit wurde der rein medizinischen Sicht Rechnung getragen, nach welcher „an einer allein binären Geschlechtskonzeption nicht festgehalten" wird.[30] Der Beschluss knüpft an die Reform des Personenstandsrechts im Jahr 2013 an, durch welche eine seit dem Jahr 1875 bestehende Regelungslücke geschlossen wurde:

> „Das Allgemeine Landrecht für die preußischen Staaten von 1794 (ALR) hatte noch Regelungen zur geschlechtlichen Einordnung von Zwittern enthalten: ‚Wenn Zwitter geboren werden, so bestimmen die Aeltern, zu welchem Geschlechte sie erzogen werden sollen' (§ 19 I 1 ALR). ‚Jedoch steht einem solchen Menschen, nach zurückgelegtem achtzehnten Jahre, die Wahl frey, zu welchem Geschlecht er sich halten wolle' (§ 20 I 1 ALR)."[31]

---

[28] Hermes/Turgay, Sprachliche Genderrepräsentation in Deutschbüchern, in: Albert et al. (Hrsg.), Political Correctness – Kultur- und sozialgeschichtliche Perspektiven, Baden-Baden: Tectum Verlag 2020, S. 78.

[29] Rat für deutsche Rechtschreibung, Geschlechtergerechte Schreibung: Empfehlungen vom 26.03.2021 – Pressemitteilung vom 26.03.2021, https://www.rechtschreibrat.com/DOX/rfdr_PM_2021-03-26_Geschlechtergerechte_Schreibung.pdf, 09.04.2021.

[30] BVerfG, Beschluss des Ersten Senats vom 10. Oktober 2017 – 1 BvR 2019/16 -, Rn. 1–69, http://www.bverfg.de/e/rs20171010_1bvr201916.html.

[31] BVerfG, Beschluss des Ersten Senats vom 10. Oktober 2017 – 1 BvR 2019/16 -, Rn. 1–69.

Die personenstandsrechtliche Anerkennung des „dritten Geschlechts" trug dazu
bei, die kontrovers geführte Diskussion über das „Gendern" im deutschsprachigen
Raum weiter anzuheizen und teilweise kaum mehr überschaubare Ausprägungen
genderneutraler Kommunikation vorzufinden.

2.6   Heutige Ausprägungen

Unter dem Titel „Richtig gendern" sollte im Jahr 2017 im Dudenverlag ein
für ein breites Publikum anwendbarer und angemessener Leitfaden entstehen,
der das englische Verb und dessen Substantivierung mit „Gendern" – also die
„Anwendung geschlechtergerechter Sprache"[32] – in die Alltagssprache gebracht
hat.[33]

Ausprägungen geschlechterneutraler Sprache
Helga Kotthoff unterteilt die derzeitigen Varianten geschlechtergerechter
respektive genderneutraler Sprache in vier Typen[34]:
- *Typ I* umfasst die „traditionelle Schreibpraxis mit einem generisch gemeinten, geschlechtsübergreifenden Maskulinum". Hierbei wird
  „strukturalistisch-systemgrammatisch" argumentiert, dass aufgrund der
  Generizität des Maskulinums eine gendergerechte Sprache von vornher-
  ein unnötig sei. Das generische Maskulinum ist weiterhin traditionell
  und institutionell verankert. Der Linguist *Eisenberg* teilt dabei die
  Auffassung, dass die Nennung der speziell femininen Form „nur bei
  konkreter Referenz und Ansprache" notwendig sei. In vielen Geschäfts-
  bereichen wie bspw. Banken oder in überregionalen Tageszeitungen
  findet diese Schreibweise Anwendung.
  Beispiel: Student/Studenten

---

[32] Diewald/Steinhauer, Richtig gendern. Wie Sie angemessen und verständlich schreiben,
Berlin: Dudenverlag 2017, S. 5.

[33] Kotthoff, Gender-Sternchen, Binnen-I oder generisches Maskulinum, … (Akademische)
Textstile der Personenreferenz als Registrierungen?, in: Linguistik online 103, 3/20 – https://
doi.org/10.13092/lo.103.7181, 2020, S. 105.

[34] Kotthoff, Gender-Sternchen, Binnen-I oder generisches Maskulinum, … (Akademische)
Textstile der Personenreferenz als Registrierungen?, 2020, S. 105 – 120.

- *Typ II* beschreibt die „feministisch inspirierte personenreferentielle Praxis". Dieser Typ ist im Verhältnis zu Typ I zu verstehen, da an dem generischen Maskulinum kritisiert wird, dass Frauen in diesem vielmehr nur mitgedacht und Männer stärker assoziiert würden. Beispiele: Studentinnen und Studenten, Student/innen, Student(innen), StudentInnen (Binnen-I), Generisches Femininum: Studentinnen (Männer sind mitgemeint, generisches Neutrum: das Student)
- *Typ III* beläuft sich auf den queeren Ansatz, der die explizite Geschlechtszuordnung und Feminisierung vermeiden möchte, was speziell durch den Unterstrich (Gender Gap) und den Asterisk (Gendersternchen) umgesetzt werden soll. Beide Zeichen sollen „hauptsächlich zu einer kognitiven Repräsentation von Personen mit nicht-binären Geschlechtsidentitäten einladen". Typ III wird derzeit von der Genderforschung nahestehenden Gruppen und Medien verstärkt propagiert. Anwendung. Beispiele: Student_innen, Student*innen, Student:innen (jeweils wahlweise auch mit groß geschriebenem „Binnen-I")
- *Typ IV* benennt die „Stile ‚flexiblen Genderns'", in denen oftmals eine Mischung aus Neutralformen und der Beidnennung der Geschlechter vorzufinden ist. Bei Radiosendern, Tageszeitungen oder innerhalb der Sozialwissenschaften findet dieser häufig Anwendung. Typ 4 des flexiblen Genderns, also die nicht durchgängige Beidnennung, wird ebenfalls von vielen Medien praktiziert. Es wird häufig nach dem Prinzip verfahren: „Je eher Personen konkretisiert oder gar identifiziert werden, desto eher Beidnennung, je eher sie diffus im Hintergrund verbleiben, desto eher geschlechterübergreifendes Maskulinum oder Neutralformen."

Als weitere Möglichkeiten der geschlechtergerechten Sprache werden Neutralisierungen wie bspw. „Lehrkraft" oder die Nutzung von Partizipformen („Lehrende") vorgeschlagen. Innerhalb des nicht-binären *Typ III* wird häufig über eine Inklusion aller Geschlechtsidentitäten – und damit in Bezug auf das soziale Geschlecht Gender – argumentiert, wodurch über die personenstandsrechtliche Entscheidung hinsichtlich des dritten Geschlechts hinaus eine **sprachideologische Komponente** einbezogen wird.

„Mit den ausdrücklichen Plädoyers für dynamische oder an Morphemgrenzen ein-
gesetzte Unterstriche und Sternchen statt anderer Möglichkeiten der Neutralisierung
oder punktuellen Beidnennungen in Personenreferenzen geht es nicht mehr primär um
ein Unterlaufen maskulin dominierter Vorstellungen durch die Referenz, sondern auch
um eine moralische Aufladung von Texten, die in der ‚in-group' erkannt werden kann,
welche sich an entsprechenden Metadiskursen beteiligt."[35]

Die Diskussion um eine geschlechtergerechte, m.a.W. eine genderneutrale Sprache – die Frage also nach *doing* oder *undoing gender* – ist innerhalb der
pluralistischen Gesellschaft auch zu einem Thema der „political correctness"
geworden. Auf Basis des eigentlichen Anliegens, Gleichberechtigung innerhalb
der Sprache Ausdruck zu verleihen und Diskriminierungen zu vermeiden, werden
moralische und ideologisch motivierte Debatten geführt und Deutungshohei-
ten beansprucht. In dieses Bild passt auch die neuerliche Meldung, dass zwei
britische Krankenhäuser nicht mehr von „Muttermilch" sondern „menschlicher
Milch", sowie nicht mehr von „Mutter", sondern „gebärendem Elternteil" sprechen, um auch Transmänner zu inkludieren.[36] *Sahra Wagenknecht* fasste einige
Ausprägungen der sprachlichen Änderungsansinnen mit folgendem Gedanken
zusammen: „Außenstehenden mag sich oft nicht erschließen, worin bei Begriffen
wie Flüchtling oder Rednerpult oder in der Bezeichnung als Mutter oder Vater
die Diskriminierung besteht beziehungsweise warum sich inmitten linker Texte
immer wieder dubiose Sternchen finden. Aber wer zum *inner circle* gehört, der
kennt die Regeln und hält sie ein."[37] Es wird damit aus ideologischen Gründen
ein Sprachwandel von außen gefordert, der grammatische Strukturen infrage stellt
und im alltäglichen Sprachgebrauch nur schwerlich umsetzbar ist.

Die unmarkierte und aufgrund dessen generisch anwendbare Form des Maskulinums erfasst jedoch laut Beschluss des Bundesverfassungsgerichts „nach dem
allgemeinen Sprachgebrauch und Sprachverständnis Personen jeden natürlichen
Geschlechts"[38]. Hiermit wird die Möglichkeit innerhalb der deutschen Sprache
bekräftigt, Personen unabhängig von der binären Geschlechterordnung anzuspre-
chen. Die unter anderem geforderte „sprachliche Integration von „divers" neben

---

[35] Kotthoff, Gender-Sternchen, Binnen-I oder generisches Maskulinum, … (Akademische)
Textstile der Personenreferenz als Registrierungen?, 2020, S. 116.

[36] https://www.welt.de/vermischtes/article226564299/Zwei-britische-Krankenhaeuser-emp
fehlen-gendergerechte-Begriffe.html.

[37] Wagenknecht, „Die selbstgerechten Lifestyle-Linken", in: Frankfurter Allgemeine Zeitung, 11.04.2021, https://www.faz.net/aktuell/wirtschaft/sahra-wagenknecht-ueber-selbstger
echtigkeit-und-die-linke-17284871.html, 13.04.2021.

[38] BVerfG, Beschluss der 2. Kammer des Ersten Senats vom 26. Mai 2020 – 1 BvR 1074/18
-, Rn. 1–8, http://www.bverfg.de/e/rk20200526_1bvr107418.html.

„maskulin" und „feminin" als Genera des Deutschen"[39] stellt nicht zuletzt hinsichtlich der Pronomina eine Herausforderung dar. Bei „er", „sie", „es" besteht ein Bezug auf Genus oder, wie in ersteren beiden, auch auf das Geschlecht. Unter dem Titel „Neue Pronomen braucht das Land"[40] gab daher z. B. *Aurelie von Blazekovic* im Jahr 2021 einen Einblick in die Bemühungen, in „vollständigen Sätzen ohne männliche oder weibliche Artikel und Pronomen auszukommen" und genderinklusive Pronomina wie „si*er" oder „sier" oder gar ein genderneutrales Pronomen wie beispielsweise den Neologismus „ens" einzuführen. Es wird also dazu aufgerufen, das deutsche Sprachsystem entweder umzubauen oder gleich ganz das „Geschlecht als Kategorie fallen zu lassen".

Ausblick
Ob und inwieweit das deutsche Sprachsystem verbindlich angepasst werden wird und der jeweilige Vorschlag für die „geschlechtergerechte Sprache mit den rechtlich verbindlichen Regelungen der deutschen Rechtschreibung kollidiert"[41], ist noch nicht absehbar. Hinsichtlich der Normsprache gilt das Regelwerk „Deutsche Rechtschreibung, Regeln und Wörterverzeichnis" als verbindlich. In seiner Empfehlung zur geschlechtergerechten Schreibung fordert der Herausgeber unter anderem die sachliche Korrektheit, die Verständlichkeit und Lesbarkeit sowie die Rechtssicherheit entsprechend formulierter Texte.[42] Der Rat für deutsche Rechtschreibung bekräftigte daher jüngst, dass zwar allen Menschen mit geschlechtergerechter Sprache begegnet werden soll, aber empfiehlt verkürzte Formen zur Kennzeichnung mehrgeschlechtlicher Bezeichnungen im Wortinnern in das Amtliche Regelwerk der deutschen Rechtschreibung – jedenfalls derzeit – nicht aufzunehmen.[43]

---

[39] Eisenberg, Wie viele dritte Geschlechter gibt es?, in: Ammer, Die deutsche Sprache und ihre Geschlechter, Paderborn: IFB Verlag Deutsche Sprache 2019, S. 40.

[40] Blazekovic, „Neue Pronomen braucht das Land", in: Süddeutsche Zeitung, 10. März 2021, https://www.sueddeutsche.de/kultur/gender-sprache-divers-pronomen-1.5230874?red uced=true, 13.04.2021.

[41] Deutscher Bundestag, „Sachstand WD 10 – 3000 – 001/20: Rechtsverbindlichkeit der Verwendung der deutschen Rechtschreibung in Schulen und anderen Einrichtungen", 27. Februar 2020, https://www.bundestag.de/resource/blob/691396/0fe6c9cce82af97036faec0b c3dcdf1c/WD-10-001-20-pdf-data.pdf, S. 11.

[42] Rat für deutsche Rechtschreibung, Geschlechtergerechte Schreibung: Empfehlungen vom 26.03.2021.

[43] Pressemitteilung des Rats für deutsche Rechtschreibung vom 26.03.2021.

Unternehmerische Entscheidung zur Einführung genderneutraler Sprache

Nunmehr stellt sich die Frage, ob die Einführung einer genderneutralen Sprache im Unternehmen aus rechtlicher Sicht bereits verpflichtend ist und – soweit dies nicht der Fall sein sollte – ob bzw. wie sie im Rahmen einer unternehmerischen Entscheidung gesellschaftsrechtlich eingeführt werden könnte.

3.1 Keine gesetzliche Pflicht

Grundsätzlich sieht zwar die Verfassung in Art. 3 II und III GG ein **Diskriminierungsverbot** vor, das auch teilweise unmittelbar in das Privatrecht ausstrahlen soll.[1] Die tatsächliche Durchsetzung der Gleichberechtigung, zu der teilweise auch die sprachliche Gleichstellung gezählt wird, ist allerdings gem. Art. 3 II S. 2 GG ausdrücklich dem Staat zugewiesen und nicht den Privaten.

Den grundsätzlichen Auftrag des Art. 3 II und III aufnehmend haben zwar Bund und Länder in ihren jeweiligen Kompetenzbereichen **Gleichstellungsgesetze** verabschiedet, die zu diskriminierungsfreier Rechtssprache anhalten.[2] Diese Gesetze richten sich jedoch ebenfalls lediglich an öffentlich-rechtliche Adressaten, vgl. § 2 BGleiG (für die Bundesebene). Unternehmen der mittelbaren Bundesverwaltung (sowie Unternehmen, die aus bundeseigener Verwaltung künftig in ein Unternehmen des privaten Rechts umgewandelt werden, mit Ausnahme

---

[1] Langenfeld, in: Maunz/Dürig, GG, 92. EL August 2020, Art. 3, Rn. 147 ff.

[2] In § 1 I Nr. 1. und 2. BGleiG heißt es entsprechend: „Ziel des Gesetzes ist es, […] die Gleichstellung von Frauen und Männern zu verwirklichen, […] bestehende Benachteiligungen auf Grund des Geschlechts, insbesondere Benachteiligungen von Frauen, zu beseitigen und künftige Benachteiligungen zu verhindern […]."

D. Graewe und M. Bogensee, *Genderneutrale Sprache im Unternehmen*, essentials, https://doi.org/10.1007/978-3-658-35157-1_3

von Tochterunternehmen) sollen lediglich auf die entsprechende Anwendung dieses Gesetzes hinwirken, vgl. § 3 Nr. 9 BGleiG. Unternehmen, die nicht hierunter fallen, also solche der Privatwirtschaft, sind im Gesetz hingegen nicht adressiert. In diesem Fall stellt sich dann die Frage nach einer analogen Anwendungsmöglichkeit. Hierbei dürfte es allerdings an der erforderlichen ungeplanten Regelungslücke fehlen, weil der Gesetzgeber die Gleichstellungsgesetze ausdrücklich nur an staatliche Organe, nicht aber auch an Private, adressiert hat.[3]

Eine Einführungspflicht ergibt sich auch nicht aus dem **Allgemeinen Gleichbehandlungsgesetz (AGG)**, welches sich – im Gegensatz zu den Gleichstellungsgesetzen des Bundes und der Länder – auch an Private richtet. Das Gesetz zielt gem. § 1 AGG darauf ab, *„Benachteiligungen aus Gründen […] des Geschlechts […] zu verhindern oder zu beseitigen."* Es richtet sich insofern gegen Benachteiligungen i.S.d. § 3 AGG, mithin die tatsächliche Verursachung eines Nachteils bzw. eine weniger günstige Behandlung[4], die aber durch die bloße Verwendung des generischen Maskulinums schon nicht vorliegt. Aber auch wenn man davon ausgehen würde, dass eine Benachteiligung durch die ausschließliche Verwendung einer männlichen Form gegeben wäre, so würde sich die Frage nach einer **Bagatellgrenze** stellen, also einer Schwelle für spürbare Benachteiligungen in Minimalfällen. Solche *de minimis*-Ausnahmen sind in der Rechtsordnung nicht unüblich, so etwa im Sachmangel- und Deliktsrecht des BGB, im aktienrechtlichen Anfechtungsrecht oder im Wettbewerbsrecht. Wenngleich auch im AGG eine solche Bagatellgrenze nicht ausdrücklich vorgesehen ist, muss dies einer impliziten Anwendung jedoch nicht im Wege stehen. So liegt etwa eine Körperverletzung – ohne dass dies im Wortlaut von § 223 StGB zum Ausdruck käme – nur dann vor, wenn das körperliche Wohlbefinden *„mehr als nur unerheblich"* beeinträchtigt wird.[5] Die zahlreichen Bagatellgrenzen im Zivilrecht und deren implizite Anwendung in Verbindung mit der zivilistischen Struktur des AGG legen insofern nahe, eine *de minimus*-Ausnahme auch implizit bei § 3 I AGG anzuwenden[6], wonach die Verwendung des generischen Maskulinums keine Benachteiligung darstellen würde.[7] Aber selbst wenn man eine solche Bagatellgrenze nicht annehmen wollen würde, so könnte die Verwendung lediglich des

---

[3] Bachmann, NVwZ 2008, 754, 755.

[4] Schlachter, in: ErfK, 21. A. 2021, § 1 AGG, Rn. 2.

[5] Bachmann, NJW 2018, 1648, 1649.

[6] Bachmann, NJW 2018, 1648, 1649.

[7] Dies gilt auch im Hinblick auf eine mögliche strukturelle Benachteiligung. Diese könnte zwar nicht mehr unter eine Bagatellgrenze zu subsumieren sein, aber das AGG zielt auch nicht auf strukturelle, sondern ausschließlich individuelle Benachteiligungen.

generischen Maskulinums **gerechtfertigt** sein. Gemäß § 20 I AGG ist insofern eine Verletzung des Benachteiligungsverbots nicht gegeben, wenn für eine unterschiedliche Behandlung wegen des Geschlechts ein sachlicher Grund vorliegt. Dieser könnte etwa in dem ökonomischen Aufwand zu erblicken sein, genderneutrale Sprache im Unternehmen einzuführen. Nach Ansicht des BGH liegt schließlich auch keine nur **mittelbare Benachteiligung** i.S.d. AGG vor, weil die übliche männliche Sprachform keine Geringschätzung (und damit eine besondere individuelle[8] Benachteiligung i.S.d. § 3 II AGG) zum Ausdruck bringt.[9] Aus den §§ 11, 7 AGG, die eine geschlechtsneutrale Sprache (nur) bei Stellenausschreibungen verlangen, kann zudem der Umkehrschluss auf die im Übrigen bestehende Vertrags- und Sprachfreiheit gezogen werden.[10] Auch das AGG verlangt insofern nicht die Umsetzung einer allgemeinen Gleichbehandlung, insbesondere nicht durch die Nutzung genderneutraler Sprache.

Neben dem AGG existieren noch **weitere arbeitsrechtliche Vorschriften** zum Schutz vor Diskriminierung. Diese treten jedoch oftmals hinter das AGG als *lex specialis* zurück.[11] Lediglich dort, wo sie einen weiteren Schutz gewähren, soll ihre Geltung unvermindert fortbestehen, vgl. § 2 III AGG. Eine Pflicht zur Nutzung geschlechtersensibler Sprache in Unternehmen der Privatwirtschaft ergibt sich aber auch aus diesen Vorschriften nicht.[12]

Die Einführung geschlechtersensibler Sprache wird auch nicht durch das **BGB** verlangt. Die dort kodifizierten Benachteiligungsverbote, insbesondere §§ 138 und 307 BGB, zielen – wie auch das AGG – auf eine tatsächliche Nachteilsverursachung ab. Dies ergibt sich schon aus der Anordnung der Rechtsfolgen (Nichtigkeit bzw. Unwirksamkeit).[13] Ein Anspruch ergibt sich mangels Schutzgesetzcharakter der Gleichstellungsgesetze auch nicht aus den §§ 823 II, 1004 BGB.[14]

Der Vorschlag zur Einführung eines **Gleichstellungsgesetzes für die Privatwirtschaft** – einschließlich der Gewährung subjektiver Anspruchsgrundlagen – ist

---

[8] Wobei durch die Verwendung des generischen Maskulinums insbesondere eine strukturelle Benachteiligung kritisiert wird, vgl. Mangold, in: Duve/Ruppert, Rechtswissenschaft in der Berliner Republik, 2018, S. 461, 477 ff.

[9] BGH, Urt. v. 13.3.2018 – VI ZR 143/17 = NJW 2018, 1671.

[10] Bachmann, NVwZ 2008, 754, 755.

[11] Thüsing, in: MüKo BGB, 8. A. 2018, AGG, § 1, Rn. 12.

[12] Etwa § 75 I BetrVG, § 27 I SprAuG oder § 106 GewO.

[13] Bachmann, NVwZ 2008, 754, 755.

[14] BGH, Urt. v. 13.3.2018 – VI ZR 143/17 = NJW 2018, 1671.

(bislang) gescheitert.[15] Dies ist auch mit Blick auf den Grundsatz der Privatautonomie und insbesondere der leichteren Textverständlichkeit zu begrüßen. Das ergibt sich z. B. auch aus der Gemeinsamen Geschäftsordnung der Bundesministerien (GGO), wonach gem. § 42 Nr. 5 S. 1 GGO Gesetzentwürfe sprachlich richtig und möglichst für jedermann verständlich gefasst sein *müssen*. Erst in Satz 2 der Vorschrift ist geregelt, dass Gesetzentwürfe die Gleichstellung von Frauen und Männern sprachlich zum Ausdruck bringen *sollen*.

Schließlich hat auch der VI. Zivilsenat des **BGH** im Jahr 2018 einen Anspruch auf eine geschlechtsspezifische Bezeichnung (in Formularen) abgelehnt[16] und damit die beiden – ebenfalls einen Anspruch ablehnenden – Vorinstanzen bestätigt. Das Urteil erfuhr einen breiten medialen Widerhall und traf auf genauso breite Zustimmung wie Ablehnung.[17] Eine beklagte Sparkasse verwendete im Geschäftsverkehr Formulare, die nur grammatikalisch männliche Personenbezeichnungen („Kontoinhaber"), aber keine grammatikalisch weiblichen Formen („Kontoinhaberin") enthielten. Aus dem Landesgleichstellungsgesetz (LGG)[18] gehe zwar hervor, so der BGH, dass bei Vordruckgestaltungen der Grundsatz der Gleichberechtigung zu beachten sei, indem geschlechtsneutrale Bezeichnungen, hilfsweise weibliche und männliche Formen zu verwenden seien; hieraus ergebe sich aber kein subjektiver Anspruch des Einzelnen.

Eine gesetzliche Pflicht zur Einführung bzw. Umsetzung von genderneutraler Sprache in Unternehmen der Privatwirtschaft existiert daher nach alledem (derzeit) nicht.

---

[15] Laskowski, ZRP 2001, 504.

[16] BGH, Urt. v. 13.3.2018 – VI ZR 143/17 = NJW 2018, 1671.

[17] Zustimmend etwa die FAZ (https://www.faz.net/aktuell/feuilleton/weibliche-anrede-in-for mularen-kommentar-zum-bgh-urteil-15492230.html), ablehnend etwa die SZ (https://www. sueddeutsche.de/panorama/bgh-gender-urteil-meinung-1.3904097). Alle Links in diesem Aufsatz mit Abrufdatum 22.07.2021.

[18] Das LGG richtet sich zudem nur an staatliche Stellen und Dienststellen (wozu auch die Sparkassen als öffentlich-rechtliche Kreditinstitute zählen). Näher zu den Gleichstellungsgesetzen und sich daraus nicht ergebenden subjektiven Ansprüchen unter Ziff. 3. a.

3.2 Unternehmerische Entscheidung

Da, wie gerade festgestellt, keine gesetzlichen Einführungspflichten bestehen, stellt sich die Frage, ob, und wenn ja, wie eine genderneutrale Sprachregelung freiwillig in einem Unternehmen eingeführt werden könnte.[19]

3.2.1 Formale Aspekte

Bei der Einführung genderneutraler Sprache im Unternehmen handelt es sich im Zweifel um eine unternehmensweite Entscheidung, die jede Hierarchiestufe sowie jeden Organisationsbereich betrifft. Angesichts der emotional geführten „Genderdebatte" ist zudem mit signifikanten (Außen-) Auswirkungen für das Unternehmen zu rechnen.[20] Eine solche Entscheidung ist daher gem. § 76 I AktG im Zweifel beim Vorstand anzusiedeln und als **unternehmerische Entscheidung** zu qualifizieren.

▷ Definition „unternehmerische Entscheidung" Diese ist nicht legal definiert, jedoch heben Gesetzgeber und Literatur in Bezug auf § 93 AktG hervor, dass unternehmerische Entscheidungen vom **Ermessen** der Geschäftsleitung abhängen müssen[21], zukunftsbezogen sind und durch **unsichere Prognosen** sowie nicht justiziable Entscheidungen unter Risiko charakterisiert werden.[22] Die Betriebswirtschaft definiert eine unternehmerische Entscheidung als bewusste Auswahl einer unternehmerischen Handlungsmöglichkeit von prägender Beeinflussung auf die zukünftige Gesamtentwicklung des Unternehmens.[23]

---

[19] Die Ausführungen unter der Ziff. 3. b. beschränken sich aus Platzgründen auf die Rechtsform der Aktiengesellschaft.

[20] Vgl. die Meldung im Münchener Merkur: https://www.merkur.de/wirtschaft/audi-gleich stellung-leitfaden-sprache-gender-gaga-twitter-diskussionen-vw-ingolstadt-deutschland-902 24568.html.

[21] Weber-Rey/Buckel, AG 2011, 845, 849.

[22] Spindler, in: Münchener Kommentar, AktG, 5. A. 2019, § 93, Rn. 48.

[23] Mutter, Unternehmerische Entscheidungen und Haftung des Aufsichtsrats der Aktiengesellschaft, 1994, S. 23.

Unter Berücksichtigung der gesellschaftlichen Debatte und Entwicklung, sowie der zunehmenden Ideologisierung der Wirtschaft[24] wird man die Einführung einer genderneutralen Sprache daher als unternehmerische Entscheidung einzustufen haben, für die der **Vorstand zuständig** ist.

Etwas anderes kann etwa dann gelten, wenn es sich um eine Maßnahme handelt, die gem. § 111 IV S. 2 AktG einem individuell geregelten Zustimmungsvorbehalt des **Aufsichtsrats** unterliegt. Einem solchen Vorbehalt können insbesondere Maßnahmen der **Corporate Social Responsibility** (CSR) unterstellt werden[25], unter welchen auch die Einführung genderneutraler Sprache im Unternehmen subsumiert werden kann. In diesem Fall wäre auch der Aufsichtsrat zu beteiligen. Da es sich dann nicht um eine vergangenheitsorientierte Rechtmäßigkeitskontrolle, sondern um eine zukunftsgerichtete Beratungsaufgabe des Kontrollorgans handelt, obliegt der Aufsichtsrat hierbei den gleichen rechtlichen Rahmenbedingungen was Ermessensfreiheit und Haftung angeht, wie der Vorstand.

In die ausdrückliche Zuständigkeit der **Hauptversammlung** fällt eine Entscheidung zur Einführung genderneutraler Sprache im Unternehmen hingegen nicht, da dies nicht von den Hauptversammlungszuständigkeiten des § 119 I AktG umfasst ist. Möglich ist freilich, dass der Vorstand eine Hauptversammlungsentscheidung zu einer solchen Geschäftsführungsmaßnahme gem. § 119 II AktG von der Hauptversammlung verlangen könnte. Hiervon wird allerdings in der Praxis regelmäßig nicht auszugehen sein. Auch eine **ungeschriebene Hauptversammlungskompetenz** wird im Regelfall ausscheiden, da nach Ansicht des BGH[26] nur solche Geschäftsführungsmaßnahmen eine entsprechende Zuständigkeit auslösen, die so tief in die Mitgliedsrechte der Aktionäre und deren im Anteilseigentum verkörpertes Vermögensinteresse eingreifen, dass diese Auswirkungen materiell an eine Satzungsänderung heranreichen.[27] Dies wird bei der Einführung genderneutraler Sprache im Unternehmen aber ebenfalls regelmäßig nicht der Fall sein.

---

[24] Kommentar in der Wirtschaftswoche unter https://www.wiwo.de/politik/ausland/us-wahlen-politisierte-unternehmen-werden-zum-gewaltigen-problem-/26608616.html.

[25] Habersack, in: Münchener Kommentar, AktG, 5. A. 2019, § 93, Rn. 126.

[26] BGH, Urt. v. 25.02.1982 – II ZR 174/80 = NJW 1982, 1703 (Holzmüller); BGH, Urt. v. 26.04.2004 – II ZR 155/02 = NJW 2004, 1860 (Gelatine I); BGH, Urt. v. 26.04.2004 – II ZR 154/02 = NZG 2004, 575 (Gelatine II).

[27] Liebscher, in: Henssler/Strohn, GesR, 5. A. 2021, § 93 AktG, Rn. 13.

3.2.2   Business Judgment Rule

Führt man sich, die bereits oben angesprochenen Aspekte zu negativen Außenwir-
kungen berücksichtigend, die Einführung von genderneutraler Sprache vor Augen
(Online-Empörungswelle bei Audi[28]), so kann insbesondere nicht ausgeschlos-
sen werden, dass durch die unternehmerische Entscheidung der (wie auch immer
gearteten) Umsetzung im Unternehmen auch **Haftungsaspekte** der Geschäftsleitung eine Rolle spielen können, etwa weil der Einführung Umsatzeinbußen oder
ein fallender Börsenkurs des Unternehmens folgen oder eine zu starke Ideologisierung des Unternehmens in Bezug auf „Genderthemen" potentielle Bewerber
abschreckt.[29]

Vor diesem Hintergrund spielt die Rolle der Enthaftungsmöglichkeit (**Exkul-
pation**) durch die **Business Judgment Rule** (BJR) des § 93 I S. 2 AktG eine
besondere Rolle, da die Geschäftsleitung für etwaige negative Folgen für das
Unternehmen möglichst nicht haften möchte.

Die allgemeinen Voraussetzungen für die Anwendbarkeit der Business Judgment Rule sind neben dem Vorliegen einer unternehmerischen Entscheidung
und der Rechtmäßigkeit der Entscheidung (sog. „**Legal Judgment Rule**") insbesondere auch eine angemessene Informationsgrundlage und die Abwesenheit
sachfremder Interessen. Von dem Vorliegen dieser Voraussetzungen wird regelmäßig auszugehen sein. Bezogen auf die Frage der unternehmerischen Enthaftungsmöglichkeit im Bereich der Einführung geschlechterneutraler Sprache
kommt hingegen zwei weiteren Voraussetzungen der BJR eine größere Bedeutung zu, nämlich ob die Einführung geschlechterneutraler Sprache der Verfolgung
des Unternehmenswohls dient und innerhalb des unternehmerischen Ermessens
erfolgt, mithin vertretbar ist. Würden diese Voraussetzungen ebenfalls vorliegen,
käme eine Enthaftungsmöglichkeit des Vorstands im Rahmen der BJR in Betracht.

3.2.2.1 Verfolgung des Unternehmenswohls

Unter der Verfolgung des Unternehmenswohls wird seit Umsetzung des Gesetzes zur Unternehmensintegrität und Modernisierung des Anfechtungsrechts
(**UMAG**)[30] die langfristige Stärkung des Ertrags und der Wettbewerbsfähig-
keit verstanden. Das **Unternehmenswohl** ist damit dem **Unternehmensinteresse**

---

[28] Vergleiche hierzu etwa auch die Empörungswelle über eine Audi-Werbung mit einem
angeblichen „Lolita"-Motiv im Sommer 2020, https://www.welt.de/vermischtes/article21277
7707/Shitstorm-Audi-entschuldigt-sich-fuer-Werbung-mit-Kleinkind.html.

[29] Zu weiteren negativen Auswirkungen, insbesondere in Bezug auf Social Media, vgl.
Graewe/Bogensee, BB 2020, 1603.

[30] Vom 22.09.2005, BGBl I, Nr. 60, S. 2802.

gleichzusetzen.[31] Es geht hierbei um den Ausgleich eines komplexen Inter-essengeflechts innerhalb des Unternehmens, wobei der Vorstand primär der Gesellschaft verpflichtet ist und nicht etwa Partikularinteressen von einzelnen Stakeholdergruppen, wie denen von Aktionären, Kunden, Mitarbeitern oder der Öffentlichkeit.

Die **Grenze** der Verfolgung des Unternehmenswohls ist allerdings dann über-schritten, wenn das mit der unternehmerischen Entscheidung verbundene Risiko in völlig unverantwortlicher Weise falsch beurteilt worden ist[32], oder wenn der Vorstand aus unmittelbarem Eigennutz handelt und/oder einem Interessenkonflikt unterliegt.[33] Von dieser Definition des Unternehmenswohls und seinen Gren-zen ausgehend, dürfte – trotz möglicher nachteiliger Auswirkungen (wie oben beschrieben) – bei der Frage der Einführung von genderneutraler Sprache das Unternehmensinteresse regelmäßig **nicht materiell nachteilig tangiert** sein, da hier die Hürden für die Annahme einer Beeinträchtigung, wie dargestellt, sehr hoch sind.

3.2.2.2 Unternehmerisches Ermessen (Vertretbarkeit)

Der Vorstand leitet die Gesellschaft gem. § 76 I AktG selbstständig, also in eigener Verantwortung. Dabei stellt sich allerdings zunächst die Frage, ob der Vorstand innerhalb seiner Leitungsmacht grundsätzlich den wirtschaftlichen Inter-essen des Unternehmens den Vorrang vor sozialen Aspekten[34] einzuräumen hat oder ob soziale Aspekte auch auf Kosten wirtschaftlicher Vorteile durch das Unternehmen verfolgt werden dürfen (sog. **Corporate Social Responsibility, CSR**), solange dessen Bestand und Rentabilität nicht gefährdet werden.[35] Im ersteren Fall wäre das Ermessen des Vorstands entsprechend beschränkt. Reputa-tion, Motivation von Mitarbeitern oder soziales Engagement lassen sich allerdings kaum operationalisieren und berechnen; auch ihre Auswirkungen auf den Markt-wert des Unternehmens sind umstritten.[36] Grundsätzlich besitzt der Vorstand daher einen weiten unternehmerischen Ermessensspielraum und ist nicht allein

---

[31] Dauner-Lieb, in: Henssler/Strohn, GesR, 5. A. 2021, § 93 AktG, Rn. 23.

[32] Koch, in: Hüffer/Koch, AktG, 15. A. 2021, § 93, Rn. 23.

[33] Koch, in: FS Säcker, 2011, S. 403, 405 ff.

[34] Wobei hier offengelassen wird, ob die Einführung genderneutraler Sprache tatsächlich einen sozialen Aspekt darstellt.

[35] Walden, NZG 2020, 50, 59.

[36] Dafür: Walden, NZG 2020, 50, 59. Dagegen sprechen allerdings kaum nachweisbare Kursgewinne der Unternehmen, bspw. bei Siemens und der Telekom nach polarisierenden Äußerungen der Vorstände, vgl. Graewe/Bogensee, BB 2020, 1603.

zur Gewinnmaximierung verpflichtet.[37] Dies spiegelt auch § 87 I 2 AktG wider, der auf eine nachhaltige und langfristige Entwicklung der Gesellschaft setzt. In der Frage, ob und wenn ja, wie der Vorstand welche sozialen Zwecke mit Gesellschaftsmitteln verfolgt, sind ihm also weite Befugnisse zuzuerkennen.[38] Ohne diesen Spielraum für das eigene **Ermessen** bei der Unternehmensleitung wäre eine eigenverantwortliche unternehmerische Tätigkeit nicht möglich.[39]

Im Rahmen seines Ermessen hat der Vorstand jedoch zu berücksichtigen, dass er, bei aller Leitungsmacht, doch nur Treuhänder des von den Aktionären überantworteten Unternehmens ist.[40] Zudem muss er im Rahmen der Ausübung seines unternehmerischen Ermessens die einzelnen Aspekte seiner zu treffenden unternehmerischen Entscheidungen stets bewerten und gegenüber den damit verbundenen Risiken abwägen.[41] Die Grenze seines Ermessens ist dann erreicht, wenn ein **Leitungsfehler** des Vorstands vorliegt, der auch für einen außenstehenden Dritten derart offensichtlich ist, dass sich das Vorliegen einer Fehlleistung förmlich aufdrängt.[42] Unter welchen Umständen eine derartig evidente fehlerhafte Leitung anzunehmen ist, lässt sich jedoch abstrakt nicht beantworten. Vielmehr kommt es auf das konkrete Unternehmen an, dessen interne Struktur, aktuelle Lage, sowie Chancen und Risiken zum Zeitpunkt der Ermessensausübung.[43] Im Regelfall wird jedoch durch die Einführung genderneutraler Sprache kein evidenter Leitungsfehler des Vorstands anzunehmen sein.

3.2.3 Aktuelle Umsetzung bei DAX-Unternehmen

Aktuelle Umfragen belegen, dass die Mehrheit der Deutschen das sprachliche Gendern **nicht unterstützt.** Die Ergebnisse der verschiedenen Umfrageinstitute variieren dabei zum Teil deutlich. Die Zahl der Befürworter liegt im Schnitt bei unter 30 %, die der Gegner im Schnitt bei über 60 % (der Rest ist unentschieden oder weiß es nicht). Unter den jeweils befragten Frauen ist dabei die Zustimmung

---

[37] J. Vetter, ZGR 2018, 338, 367.

[38] Walden/Depping, CSR und Recht, 2015, S. 26 ff.

[39] So schon der BGH, Urt. v. 21.04.1997 – II ZR 175/95 = NJW 1997, 1926 (ARAG/Garmenbeck); Spindler, in: Münchener Kommentar, AktG, 5. A. 2019, § 93, Rn. 63 m.w.N.

[40] BGH, Urt. v. 21.12.2005 – 3 StR 470/04 = NJW 2006, 522 (Mannesmann/Vodafone).

[41] Spindler, in: Münchener Kommentar, AktG, 5. A. 2019, § 93, Rn. 63.

[42] BGH, Urt. v. 12.10.2016 – 5 STR 134/15 = NJW 2017, 578 (HSH Nordbank).

[43] Paefgen, Unternehmerische Entscheidungen und Rechtsbindung der Organe in der AG, 2002, S. 134 ff.

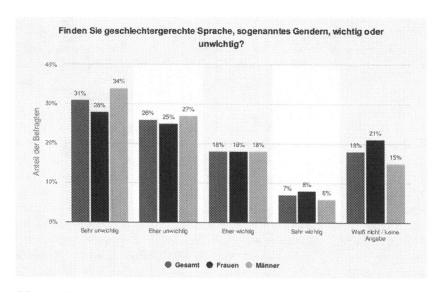

Abb. 3.1 Umfrage zu geschlechtergerechter Sprache. (Quelle: YouGov, Statista 2020)

um bis zu 10 % höher als bei Männern, wobei sich auch die Mehrheit der Frauen gegen das sprachliche Gendern ausspricht (siehe Abb. 3.1).[44]

Dementsprechend hat, soweit ersichtlich, bislang kein DAX-Unternehmen eine verbindliche genderneutrale Sprachregelung eingeführt; vereinzelt wird gender-neutrale Sprache allerdings schon genutzt. Über die Hälfte der im **DAX** gelisteten Unternehmen plant jedoch nach eigenen Angaben, in Zukunft die Verwendung geschlechterneutraler Sprachregelungen – in welcher Verbindlichkeitsform (von unverbindlichem Ratschlag bis arbeitsrechtlicher Weisung, dazu näher sogleich in Abschn. 4.2) auch immer. Dabei ist interessant, dass dieser Schritt nicht mit der (möglichen) Erwartungshaltung von Kunden oder Mitarbeitern – also „externem Druck" – begründet wird, sondern mit dem „unternehmenseigenen Ver-ständnis von diskriminierungsfreiem Umgang miteinander" – also intrinsisch.[45] Inwieweit die Verwendung genderneutraler Sprache dabei Diskriminierungen

---

[44] Statistikportal Statista: https://de.statista.com/statistik/daten/studie/1120925/umfrage/umf rage-in-deutschland-zur-relevanz-von-geschlechtergerechter-sprache; zuletzt zusammenfas-send die FAZ: https://www.faz.net/aktuell/wirtschaft/unternehmen/mehrheit-der-dax-kon zerne-setzt-auf-gendersprache-17261408.html.

[45] https://www.faz.net/aktuell/wirtschaft/unternehmen/mehrheit-der-dax-konzerne-setzt-auf-gendersprache-17261408.html.

vermindert oder gar ganz verhindert, oder im Gegenteil sogar die tatsächliche Gleichberechtigung fördert, wurde bei den Umfragen jedoch nicht erhoben.

Arbeitsrechtliche Kompetenz zur Einführung genderneutraler Sprache

4

Wenn die unternehmerische Entscheidung zur Einführung genderneutraler Sprache im Unternehmen getroffen wurde, stellt sich zunächst eine grundlegende Richtungsentscheidung. Soll die Einführung auf freiwilliger Basis erfolgen, oder verpflichtend von den Arbeitnehmern beachtet werden?

4.1 Freiwillige Einführung

Die Einführung genderneutraler Sprache auf **freiwilliger** Basis kann aufgrund verschiedener Möglichkeiten durch den Arbeitgeber erfolgen. Er kann dies durch Soll-Vorschriften, Kodices, Leitfäden und Empfehlungen – wie derzeit (noch) bei Audi – umsetzen. Auch die Ausgestaltung einer Sollvorschrift mit einer offenen Ausgestaltung im Rahmen einer Betriebsvereinbarung oder Weisung ist denkbar. Die Wege, solche **unverbindlichen Empfehlungen** festzulegen und zu kommunizieren, sind vielfältig. Dabei ist jedoch zu bedenken, dass bei freiwilligen bzw. offenen Formulierungen die Einheitlichkeit der Umsetzung genderneutraler Sprache, sofern es dem Arbeitgeber darauf ankommen sollte, rechtlich nicht durchgesetzt und damit im Unternehmen nicht einheitlich gewährleistet werden kann. Denn Ratschläge, Empfehlungen oder Soll-Vorschriften sind rechtlich unverbindlich für die Mitarbeiter und lassen keine arbeitsrechtlichen Sanktionsmöglichkeiten zu. Entsprechend groß sind aber auch die Freiheitsgrade des Unternehmens bei der Einführung und Umsetzung freiwilliger Instrumente.

© Der/die Autor(en), exklusiv lizenziert durch Springer Fachmedien Wiesbaden GmbH, ein Teil von Springer Nature 2021
D. Graewe und M. Bogensee, *Genderneutrale Sprache im Unternehmen*, essentials, https://doi.org/10.1007/978-3-658-35157-1_4

Beispiel für eine unverbindliche Empfehlung

Ein gutes Beispiel für eine solche Alternative stellt die Allgemeine Geschäftsordnung für die Behörden des Freistaates Bayern (AGO) dar. Die bayerische
Landesregierung hat in § 22 I S. 2 AGO von einer Soll-Regelung Gebrauch
gemacht. Gemäß dieser Norm sollen bei allgemeinen Personenbezeichnungen
möglichst geschlechtsneutrale Formulierungen verwendet werden. Konsequenzen bei Nichteinhaltung dieser Vorschrift droht die Geschäftsordnung nicht an.
Im Rahmen einer entsprechenden schriftlichen Anfrage im bayerischen Landtag hat die Regierung lediglich auf eine (rechtlich konsequenzlose) Ermahnung
als Sanktionsmöglichkeit hingewiesen.[1] ◄

4.2 Verpflichtende Einführung

Komplexer stellt sich hingegen die Rechtslage bei verpflichtenden Vorgaben dar.
Insbesondere die Reichweite des **arbeitgeberseitigen Weisungsrechts** zur verpflichtenden Einführung einer geschlechterneutralen Kommunikation kann dabei
problematisch werden.

Arbeitsrechtlich existieren grundsätzlich verschiedene Möglichkeiten, um
Arbeitnehmern gegenüber bestimmte Verhaltensweisen vorzugeben. Räumt nicht
bereits das Gesetz dem Arbeitgeber die Möglichkeit zu Anordnungen in bestimmten Bereichen ein, so können auch Tarifverträge oder ggf. Betriebsvereinbarungen
entsprechende Regelungen vorsehen. Zudem hat der Arbeitgeber die Möglichkeit, Anordnungen im Rahmen seines Direktionsrechts zu treffen. Wie oben
bereits ausgeführt, existieren derzeit keine gesetzlichen Vorgaben, die Arbeitgeber zur Einführung genderneutraler Sprache ausdrücklich ermächtigen oder
sogar verpflichten. Gleiches gilt, soweit ersichtlich, für Tarifverträge. Nachfolgend werden daher lediglich die **innerbetrieblichen Anordnungsmöglichkeiten**
des Arbeitsgebers einer genaueren Betrachtung unterzogen.

4.2.1 Aufnahme der Pflicht zur genderneutralen Sprache
        in den Arbeitsvertrag

Im Rahmen der Privatautonomie ist es den Arbeitsvertragsparteien grundsätzlich
möglich, die Verwendung einer bestimmten Sprache während der Arbeitszeit zu

---

[1] Bayerischer Landtag, 13.09.2019 – Drs. 18/3531, S. 4.

vereinbaren; hierbei ist in der Vergangenheit insbesondere die Frage der Nutzung von **Fremdsprachen** thematisiert worden; in entsprechender Anwendung kann dies aber auch auf die Verwendung genderneutraler Sprache übertragen werden. Dabei ist zwischen neuen Arbeitsverträgen und bereits bestehenden Arbeitsverträgen zu differenzieren.

4.2.1.1 Neue Arbeitsverträge

Unproblematisch ist eine Verpflichtung des Arbeitnehmers zur Verwendung einer genderneutralen Sprache im Rahmen seiner Arbeitszeit jedenfalls dann, wenn diese Pflicht mit dem Arbeitnehmer im Rahmen von Vertragsgesprächen im Einzelnen ausgehandelt worden ist, vgl. § 305 I S. 3 BGB. Von einem solchen „Aushandeln" ist nach der Rechtsprechung[2] aber nur dann auszugehen, wenn der Inhalt der Vertragsklausel dem Arbeitnehmer ernsthaft zur Disposition gestellt wurde, dieser also die reale Möglichkeit hatte, die inhaltliche Ausgestaltung der Klausel zu beeinflussen. Diese strengen Anforderungen werden in der Praxis jedoch selten erfüllt sein.

Im Normalfall wird es sich um vorformulierte Vertragsbedingungen und somit um **Allgemeine Geschäftsbedingungen** (AGB) im Sinne des § 305 I S. 1 BGB handeln. In diesen Fällen genügt bereits die einmalige Verwendung dieser Vertragsbedingungen, da die Rechtsprechung des BAG[3] den Arbeitsvertrag als Verbrauchervertrag i.S.d. § 310 III Nr. 2 BGB qualifiziert. Auch Regelungen zur Verwendung einer genderneutralen Sprache unterliegen daher einer Inhaltskontrolle gemäß §§ 307 ff. BGB. Dabei sind gemäß § 310 IV BGB die im Arbeitsrecht geltenden Besonderheiten angemessen zu berücksichtigen.

Denkbar ist insbesondere ein Verstoß gegen das **Benachteiligungsverbot des Arbeitnehmers** gemäß § 307 I BGB. Unter einer Benachteiligung im Sinne des § 307 I BGB ist eine Klausel zu verstehen, die den Arbeitnehmer wegen ihrer Unangemessenheit rechtlich oder tatsächlich schlechter stellt, als er ohne die vertragliche Regelung stünde.[4] Eine objektive Benachteiligung dürfte bei der Verpflichtung zur Verwendung einer genderneutralen Sprache grundsätzlich zu bejahen sein, da der Arbeitnehmer ohne diese Regelung in der Wahl seiner Formulierungs- und Ausdrucksweise frei wäre. Zweifelhaft ist jedoch, ob eine solche Regelung auch unangemessen ist.

Ob eine unangemessene Benachteiligung entgegen den Geboten von Treu und Glauben vorliegt, lässt sich nur anhand einer Gesamtabwägung aller rechtlichen

---

[2] BGH, Urt. v. 19.5.2005 – III ZR 437/04 = NJW 2005, 2543, 2544.

[3] BAG, Urt. v. 25.5.2005 – 5 AZR 572/04 = NJW 2005, 3305.

[4] Jacobs, in: BeckOK Arbeitsrecht, Stand 1.12.2020, BGB § 307 Rn. 30.

und tatsächlichen Umstände, auch grundrechtlich geschützter Rechtspositionen, beurteilen, die für die Klausel von Bedeutung sind.[5] Doch selbst wenn durch die Verpflichtung zum Gebrauch einer genderneutralen Sprache das grundrechtlich geschützte **Persönlichkeitsrecht** des Arbeitnehmers tangiert werden sollte, stellt dies jedoch nur einen unerheblichen Eingriff dar, der die Klausel im Rahmen einer Inhaltskontrolle nicht grundsätzlich als unangemessen erscheinen lässt. Denn ist bereits die Vereinbarung einer Fremdsprache als Leistungssprache rechtlich nicht zu beanstanden[6], so muss das erst recht gelten, wenn keine Sprache im eigentlichen Sinne, sondern lediglich eine bestimmte Ausdrucks- und Schreibweise angeordnet wird. Im Übrigen kann der Arbeitgeber, wie nachfolgend noch dargestellt werden wird, im Einzelfall durchaus ein **berechtigtes Interesse** an der Verwendung genderneutraler Sprache haben. Grundsätzlich dürfte daher eine vertraglich vereinbarte Pflicht zur Verwendung genderneutraler Sprache zulässig sein.[7]

4.2.1.2 Bestandsverträge

Problematischer gestaltet sich die Situation, wenn Arbeitnehmer, deren bestehende Arbeitsverträge keine entsprechende Klausel enthalten, nachträglich zur Verwendung einer genderneutralen Sprache vertraglich verpflichtet werden sollen. Eine solche nachträgliche Vertragsänderung lässt sich nur über eine – freiwillige – **Zusatzvereinbarung** mit dem Arbeitnehmer oder über eine **Änderungskündigung** erreichen.

4.2.2 Weisung des Arbeitgebers

Deutlich flexibler für den Arbeitgeber ist hingegen die Ausübung seines **Weisungsrechts**. Liegt weder eine vertragliche Regelung noch eine Betriebsvereinbarung[8] vor, so kann der Arbeitgeber die Pflichten eines jeden Arbeitnehmers durch

---

[5] BAG, 4.3.2004 – 8 AZR 196/03 = NZA 2004, 727, 732 f.

[6] Vogt/Oltmanns, NZA 2014, 181.

[7] Auf die Frage, ob dabei der Hinweis ausreicht, dass generell eine genderneutrale Sprache zu verwenden ist, oder ob die Ausdrucksweise detaillierter vorgegeben werden muss, etwa die Verwendung eines „Gendersterns" oder eines „Gendergaps" oder eines (groß oder klein zu schreibenden) Binnen-I, bzw. beim Sprechen ein sog. „Glottisschlag", wird später in Abschn. 4.2.4 eingegangen.

[8] Eine Betriebsvereinbarung geht zwar grundsätzlich dem Arbeitsvertrag und dem Weisungsrecht vor, wird aber aus redaktionellen Gründen erst unter Ziff. iii. behandelt.

die Erteilung von Weisungen konkretisieren. Seine gesetzliche Grundlage findet das Weisungsrecht in § 106 GewO sowie in § 315 BGB.[9]

4.2.2.1 Umfang des Weisungsrechts

Das Weisungsrecht erschöpft sich nicht nur in der Befugnis, die Hauptleistung des Arbeitnehmers zu konkretisieren, sondern es gibt dem Arbeitgeber auch die Möglichkeit, die **arbeitsbegleitende Ordnung** im Betrieb zu regeln, vgl. § 106 S. 2 GewO. Folglich ist auch die Art und Weise der Kommunikation mit den Geschäftspartnern (Kunden, Lieferanten etc.) und den (anderen) Arbeitnehmern grundsätzlich durch das Weisungsrecht gedeckt, also auch die Einführung einer genderneutralen Sprachregelung.[10]

4.2.2.2 Grenzen des Weisungsrechts

Bereits nach dem Wortlaut des § 106 S. 1 GewO müssen arbeitgeberseitige Weisungen allerdings billigem Ermessen entsprechen. Vergleichbares statuiert auch § 315 III BGB. Die Ausübung des billigen Ermessens setzt eine **Abwägung** der wechselseitigen Interessen nach verfassungsrechtlichen und gesetzlichen Wertentscheidungen, den allgemeinen Wertungsgrundsätzen der Verhältnismäßigkeit und Angemessenheit sowie der Verkehrssitte und Zumutbarkeit voraus.[11] Bei dieser Abwägung sind auch die **Grundrechte** des Arbeitnehmers, welche in diesem Fall mittelbare Drittwirkung entfalten können, zu berücksichtigen.[12] Gleiches gilt, soweit das AGB-Recht anwendbar sein sollte in Bezug auf § 307 I S. 1 BGB, die Zentralnorm der Inhaltskontrolle. Auch hier hat eine umfassende Interessenabwägung stattzufinden.

4.2.2.3 Billigkeit einer Anordnung zur Verwendung genderneutraler Sprache

Für die Frage, ob eine Anordnung zur Verwendung genderneutraler Sprache während der Arbeitszeit der **Billigkeit** entspricht, ist zunächst relevant, ob eine solche Anordnung überhaupt geeignet ist, den betroffenen Arbeitnehmer in seinen schützenswerten Interessen zu beeinträchtigen. Erst danach ist die Frage zu beantworten, wann eine solche Anordnung im konkreten Fall noch dem billigen Ermessen des Arbeitgebers entspricht und zulässig sein kann.

---

[9] Vgl. BAG, Urt. v. 18.10.2017 – 10 AZR 330/16 = NZA 2017, 1452.

[10] Die Frage der Regelungstiefe, also wie detailliert die Sprachregelung vorgegeben wird, wird weiter unten ausführlich erörtert.

[11] BAG, Urt. v. 24.5.2018 – 6 AZR 116/17 = NZA-RR 2018, 568, 572.

[12] BAG, Urt. v. 10.10.2002 – 2 AZR 472/01 = NZA 2003, 483, 486.

4.2.2.3.1 Grundrechtlicher Schutz der sprachlichen Integrität

Bei der Verpflichtung des Arbeitnehmers, eine genderneutrale Sprache zu verwenden, kommt insbesondere eine Beeinträchtigung seines **allgemeinen Persönlichkeitsrechts** (Art. 2 I i.V.m. mit Art. 1 I GG) in Betracht. Es wird inzwischen überwiegend vertreten, dass der Schutzbereich des allgemeinen Persönlichkeitsrechts auch das Recht des Einzelnen auf **sprachliche Integrität** umfasst.[13] Das bedeutet, dass dem einzelnen Arbeitnehmer grundsätzlich das Recht zusteht, jegliche Form von Sprachlenkung und Sprachbeeinflussung – sei sie schriftlich oder mündlich – abzuwehren. Der einzelne Arbeitnehmer soll grundsätzlich selbst entscheiden können, welche Schreib- und Ausdrucksweise der Entfaltung seiner Persönlichkeit am besten dient.

Beispielsweise greifen staatliche Regelungen mit zwingendem Charakter hinsichtlich der Verwendung bestimmter Regelungen der **Rechtschreibung** in den Schutzbereich des allgemeinen Persönlichkeitsrechts ein.[14] Nichts anderes gilt daher für eine zwingende Regelung hinsichtlich der Verwendung einer genderneutralen Sprache. Auch solche Regelungen beschränken die Entfaltung der eigenen Persönlichkeit und greifen damit in das allgemeine Persönlichkeitsrecht des Arbeitnehmers ein. Ein Grundrechtseingriff liegt hingegen dann nicht vor, wenn die Verwendung genderneutraler Sprache lediglich vom Arbeitgeber empfohlen wird und dem Arbeitnehmer keine Sanktionen drohen, wenn er dieser Empfehlung nicht folgt[15]; dies wurde bereits oben thematisiert.[16]

Es ist anerkannt, dass auch dem allgemeinen Persönlichkeitsrecht des Arbeitnehmers **mittelbare Drittwirkung** zukommt, sodass es bei der Auslegung des „billigen Ermessens" als unbestimmter Rechtsbegriff und dessen Abwägung zu berücksichtigen ist.[17] § 106 GewO dient damit als „Einbruchstelle" der Grundrechte.

4.2.2.3.2 Weisungsinteresse des Arbeitgebers

Schließlich muss in der erforderlichen **Abwägung** auch das Interesse des Arbeitgebers an der Durchführung seiner Weisung berücksichtigt werden. Auch das

---

[13] VG Hannover, Urt. v. 2.3.1998 – 6 A 4317–97 = NJW 1998, 1250; Kopke, NJW 1996, 1081, 1082 f.; offengelassen vom BVerfG, Urt. v. 14.7.1998 – 1 BvR 1640–97 = NJW 1998, 2515.

[14] Di Fabio, in: Maunz/Düring, 92. EL August 2020, GG Art. 2 Abs. 1, Rn. 219.

[15] Di Fabio, in: Maunz/Düring, 92. EL August 2020, GG Art. 2 Abs. 1, Rn. 219; BVerfG, Urt. v. 14.7.1998 – 1 BvR 1640–97 = NJW 1998, 2515, 2523.

[16] Vgl. aber Abschn. 4.2.2.3.3 zu möglichen außerrechtlichen Konsequenzen.

[17] LAG Baden-Württemberg, Urt. v. 11.5.2004 – 14 Sa 126/03 = BeckRS 2004, 30.453.181; Reichold, in: MHdB ArbR, 4. Aufl. 2018, § 40, Rn. 29.

Unternehmen kann sich insofern auf seine Grundrechte aus Art. 2 I und Art. 12 I GG stützen. Es ist also auf den Einzelfall abzustellen und zu prüfen, ob die Weisung trotz des Eingriffs in das Grundrecht des Arbeitnehmers dennoch gerechtfertigt ist und das **Interesse des Arbeitgebers** an der Durchführung der Weisung das Interesse des Arbeitnehmers **überwiegt.** Nur wenn dies der Fall ist, kann die Grenze des billigen Ermessens eingehalten sein.

Zwischenfazit

Eine Weisung in Bezug auf die Verwendung genderneutraler Sprache kann also nicht grundsätzlich als zulässig oder unzulässig qualifiziert werden. Vielmehr ist eine Differenzierung unter Berücksichtigung der Einzelfallumstände erforderlich und geboten.◄

Um eine Differenzierung in der Praxis zu erleichtern, bieten sich dabei die folgenden Differenzierungskriterien an:

4.2.2.3.2.1 Zweck der Weisung

Ein taugliches Differenzierungskriterium stellt der Zweck dar, den der Arbeitgeber mit der Weisung im konkreten Fall verfolgt.[18] Hierbei sind in Bezug auf die Einführung genderneutraler Sprache verschiedene Zwecke denkbar.

Umsetzung eines diskriminierungsfreien Umgangs im Unternehmen
In Betracht kommt beispielsweise die Intention des Arbeitgebers, einen diskriminierungsfreien Umgang zwischen den Mitarbeitern in seinem Unternehmen zu gewährleisten. Dieser Zweck ist grundsätzlich legitim, denn der Arbeitgeber hat schon aus Gründen der Außenwirkung und der Motivation seiner Belegschaft ein berechtigtes Interesse an einem **diskriminierungsfreien Umgang** zwischen seinen Mitarbeitern. Jedenfalls dann, wenn sich bestimmte Mitarbeiter durch die Nichtverwendung genderneutraler Sprache diskriminiert fühlen, könnte das Interesse des Arbeitgebers an der Einführung einer genderneutralen Sprache das Allgemeine Persönlichkeitsrecht der übrigen Mitarbeiter überwiegen. Jedoch ist bei dieser Abwägung immer auch zu berücksichtigen, ob der vom Arbeitgeber verfolgte Zweck mit der konkreten Weisung auch erreicht werden kann, mithin ob die Einführung genderneutraler Sprache auch ein **taugliches Mittel** für die Zweckerreichung darstellt.

---

[18] Vgl. Gragert/Katerndahl, in: MAH ArbR, 5. Aufl. 2021, § 12, Rn. 35.

So stellt sich im konkreten Fall die Frage, ob die Einführung einer genderneutralen Sprache tatsächlich einen diskriminierungsfreien Umgang zwischen den Mitarbeitern sicherstellen oder zumindest fördern kann. Denn nur durch die Änderung der Sprache wird noch **keine Diskriminierung verhindert** oder gar abgebaut. Darüber hinaus ist sogar zu überlegen, ob die Einführung genderneutraler Sprache nicht sogar **kontraproduktiv** wirken kann. Letzteres kann insbesondere dann zu befürchten sein, wenn nur einzelne Mitarbeiter genderneutral angesprochen werden wollen, während der ganz überwiegende Rest der Belegschaft aber die Konsequenzen der Einführung genderneutraler Sprache mitzutragen hat. Denn eine entsprechende Sprachregelung verkompliziert den Umgang zwischen den Mitarbeitern, die darauf mit **Unverständnis** reagieren könnten. Eine solche Situation kann nicht nur zu Missstimmung in der Belegschaft führen, sondern auch dazu, dass sich gerade eine von möglicher Diskriminierung betroffene Minderheit erst recht Diskriminierungen durch die übrigen Mitarbeiter ausgesetzt sieht. Die Einführung genderneutraler Sprache allein sorgt also nicht automatisch für einen diskriminierungsfreien Umgang im Unternehmen und eine so begründete Weisung wäre rechtlich daher fragwürdig.

Verhinderung von diskriminierungsbedingten Entschädigungsansprüchen
Ein Ziel des Arbeitgebers könnte darin liegen, mit der Weisung zur Verwendung genderneutraler Sprache potenzielle **diskriminierungsbedingte Entschädigungsansprüche** seiner externen Vertragspartner zu verhindern. Grundsätzlich hat der Arbeitnehmer die Nebenpflicht, seinen Arbeitgeber vor Schadensersatzansprüchen zu bewahren.[19] Die Vermeidung von Entschädigungszahlungen ist somit grundsätzlich ein schützenswertes Interesse des Arbeitgebers, bei dem auch der Arbeitnehmer mitzuwirken hat. Fraglich ist jedoch, ob dies als ausreichender Zweck für eine Weisung angesehen werden kann. Richtig ist zwar, dass das Recht auf geschlechtliche Identität als Teil des allgemeinen Persönlichkeitsrechts auch die Entscheidung des Einzelnen schützt, wie er adressiert werden möchte.[20] Richtig ist zudem, dass diese Grundrechte des Vertragspartners gegenüber dem Arbeitgeber mittelbare Drittwirkung entfalten können. Allerdings hat der BGH in seinem oben bereits thematisierten Formular-Urteil (s. Abschn. 3.1) ausdrücklich klargestellt, dass der Einzelne keinen Anspruch auf Personenbezeichnungen hat, deren grammatisches Geschlecht mit dem eigenen Geschlecht übereinstimmt. Das generische Maskulinum (also z. B. „der Kunde") genügt in solchen Fällen, um den Grundrechtsschutz des Einzelnen in diesen Bereichen zu gewährleisten. Aus diesem Urteil lässt sich insofern

---

[19] Vgl. Schaub, in: Schaub/Koch, Arbeitsrecht von A–Z, 25. A. 2021 unter „Treuepflicht".
[20] BVerfG, Urt. v. 10.10.2017 – 1 BvR 2019/16 = NJW 2017, 3643, 3644.

ableiten, dass der Arbeitgeber grundsätzlich nicht befürchten muss, Entschädigungsansprüchen seiner Vertragspartner nach dem AGG oder anderen gesetzlichen Anspruchsgrundlagen ausgesetzt zu sein, weil er keine genderneutrale Sprache verwendet. Ein berechtigtes Interesse des Arbeitgebers ist in diesem Fall daher zu verneinen sein. Das Interesse des Arbeitnehmers an der **freien Entfaltung seiner Persönlichkeit überwiegt** in diesem Fall. Hierbei ist allerdings zu beachten, dass sich das Urteil des BGH lediglich auf Vordrucke und Formulare bezieht, also auf Dokumente, die sich an eine Vielzahl von Personen richten. Was sich aus dem Urteil des BGH jedoch nicht ergibt, ist, ob bei **individuellen Anschreiben/individueller Ansprache** ein Anspruch des Einzelnen auf eine spezifische genderneutrale Anrede ebenfalls zu verneinen wäre. Dies ist in der Tat auch der Fall, da ein entsprechender **Rechtsanspruch** auf eine individuelle Anrede **nicht besteht**. Insbesondere lässt sich ein solcher Anspruch nicht aus § 12 BGB ableiten. Dieser schützt lediglich den gesetzlich vorgeschriebenen und kraft Gesetzes erworbenen bürgerlichen Zwangsnamen, der in Deutschland aus einem Vor- und einem Familiennamen besteht.[21] Die Namenszusätze bzw. die Anrede einer Person (also z. B. „Herr" oder „Frau") sind hingegen vom Schutzbereich des § 12 BGB nicht erfasst. So besteht für den Einzelnen auch kein Anspruch auf die Anrede mit einer bestimmten Berufsbezeichnung oder einem akademischen Grad.[22] Auch hier hat der BGH klargestellt, dass der Einzelne lediglich ein Recht darauf hat mit dem verallgemeinerndem generischen Maskulinum angesprochen zu werden. Ein Anspruch auf eine individuelle (geschlechts-) spezifische Titulation als „Herr" oder „Frau" (oder sonstige geschlechtsneutrale Varianten) besteht daher nicht. Ersatzansprüche verärgerter bzw. verstimmter Kunden oder sonstiger Personen hat der Arbeitgeber daher auch Fällen **individueller (Falsch-) Ansprache** nicht zu befürchten. Es bleibt daher dabei, dass das Interesse des Arbeitnehmers an der **freien Entfaltung seiner Persönlichkeit überwiegt.**

Gewährleistung eines einheitlichen Erscheinungsbilds

Ein weiterer Zweck der Weisung des Arbeitgebers könnte die Gewährleistung eines einheitlichen (unternehmensbezogenen) Erscheinungsbildes nach außen sein. Durch die zwingende Verwendung einer genderneutralen Sprache kann der Arbeitgeber den Zweck verfolgen, dass die Kommunikation mit seinen externen Vertragspartnern und Dritten gleichartig erfolgt und so eine einheitliche Außendarstellung des Unternehmens ermöglicht wird. Insofern kann zunächst auf die Rechtsprechung in Bezug auf eine **einheitliche Kleiderordnung** zurückgegriffen werden.

---

[21] Säcker, in: MüKoBGB, 8. A. 2018, BGB, § 12, Rn. 8.
[22] Zimmerling, MDR 1997, 224.

Das Interesse des Arbeitgebers an einem einheitlichen Erscheinungsbild der Mitarbeiter nach außen überwiegt nach Ansicht der Rechtsprechung[23] dabei das Recht des Arbeitnehmers bei der Arbeit Oberbekleidung der persönlichen Wahl zu tragen.[24] Es ist allerdings **fraglich,** ob sich diese Grundsätze auch auf die Verwendung einer genderneutralen Sprache übertragen lassen. Zwar wird in das allgemeine Persönlichkeitsrecht des Arbeitnehmers bei der Pflicht zur Verwendung einer genderneutralen Sprache nicht übermäßig stark eingegriffen. Dies bedeutet aber nicht im Umkehrschluss, dass auch jeder Zweck einen solchen Eingriff rechtfertigen würde. Grundsätzlich darf die Beschränkung der persönlichen Freiheit des Arbeitnehmers nämlich nicht über das hinausgehen, was der Zweck des Arbeitsverhältnisses unter Beachtung der Persönlichkeit des Arbeitnehmers unvermeidbar erforderlich macht.[25] Bei Bekleidungsvorschriften geht es im Kern um den Charakter des Handelsgeschäfts und dessen Kundenstamm, demgegenüber sich der Arbeitnehmer branchenüblich kleiden soll, so zum Beispiel im Bank- oder Versicherungsgewerbe. Dort soll insofern den berechtigten **Erwartungen der Kundschaft** Rechnung getragen werden.[26] Eine solche Branchenüblichkeit und Erwartungshaltung besteht in Bezug auf eine genderneutrale Sprache aber gerade nicht, wie bereits oben ausführlich diskutiert wurde. Eine bloß **diffuse Befürchtung** des Arbeitgebers, es könne zum Ausbleiben von Kunden und damit zu Umsatzrückgängen kommen, weil keine einheitliche – genderneutrale – Sprache unternehmensweit verbindlich geregelt sei, vermag daher auch keinen Eingriff in das Persönlichkeitsrecht des Arbeitnehmers zu rechtfertigen. Nur in Ausnahmefällen könnte hiervon ausgegangen werden, etwa wenn sich das Unternehmen bezüglich Branche und Kundenstamm in einem Bereich bewegt, wo sich die Nutzung genderneutraler Sprache als eine *conditio sine qua non* darstellt, weil es sich etwa um ein Medienhaus handelt, das explizit ein politisch linkes Leserspektrum mit seinen verlegten Publikationen anspricht, oder wo gesellschaftliche Akteure (wie zum Beispiel Gewerkschaften, Sozialverbände, bestimmte Parteien) eine genderneutrale Sprache als Teil ihrer eigenen Identität begreifen. In diesen Fällen wird aber auch kaum eine verbindliche Einführung genderneutraler Sprache notwendig sein, da diese ohnehin freiwillig von den Arbeitnehmern angewendet werden wird.

---

[23] ArbG Cottbus, Urt. v. 20.3.2012 – 6 Ca 1554/11 = BeckRS 2012, 72.457; BAG, Urt. v. 13.2.2007 – 1 ABR 18/06 = NZA 2007, 640.

[24] Eine andere Frage und damit Thema der Arbeitssicherheit ist freilich das Erfordernis des Tragens von bestimmter Sicherheits- oder Hygieneschutzkleidung im Unternehmen.

[25] So schon Wiese, ZfA 1971, 273, 299; Brose/Greiner/Preis, NZA 2011, 369, 370.

[26] Brose/Greiner/Preis, NZA 2011, 369, 370.

4.2.2.3.2.2 Umfang der Weisung

Ein weiteres taugliches Differenzierungskriterium stellt der **Umfang der Weisung** dar. Es ist zwischen der Unternehmens- und der Betriebssprache zu unterscheiden, also ob sich die Weisung auf die Korrespondenz mit externen Vertragspartnern (**Außenverhältnis**) bezieht, oder auf die interne Kommunikation mit Kollegen, Mitarbeitern, Vorgesetzten etc. (**Innenverhältnis**), oder beides. Ist nur die innere Kommunikation im Unternehmen betroffen, so lässt sich die Weisung kaum mit der Einheitlichkeit der Außendarstellung (vgl. oben) begründen. Auch hier lässt sich eine Parallele zu einer Fremdsprache ziehen. Das Interesse des Arbeitgebers an der internen Kommunikation in einer bestimmten Fremdsprache ist jedenfalls dann nicht schützenswert, wenn sich auch ohne die Fremdsprache keine Verständigungsprobleme ergeben. Das gilt auch in Bezug auf eine genderneutrale Sprache. Auch sie trägt nicht zu einer besseren sprachlichen Verständigung der Mitarbeiter untereinander bei. Grundsätzlich dürfte daher in diesem Fall das allgemeine Persönlichkeitsrecht des einzelnen Mitarbeiters überwiegen. Die – verbindliche – Weisung, betriebsintern genderneutral zu formulieren, ist daher als unzulässig anzusehen.[27]

4.2.2.3.2.3 Art der Tätigkeit

Schließlich kann auch die Art der Tätigkeit ein taugliches Differenzierungskriterium darstellen. Da eine pauschale Weisung bezogen auf die Betriebssprache mit den o.g. Gründen abzulehnen ist, ist eine Weisung zur Verwendung genderneutraler Sprache jedenfalls für diejenigen Arbeitnehmer unzulässig, die aufgrund ihrer Tätigkeit **keinen Kontakt mit Dritten,** wie etwa externen Vertragsparteien, pflegen.

4.2.2.3.3 Rechtsfolge einer unbilligen Weisung

Ist die Weisung des Arbeitgebers zur Einführung genderneutraler Sprache im Unternehmen unbillig, weil das allgemeine Persönlichkeitsrecht des Arbeitnehmers das Interesse des Arbeitgebers überwiegt, so muss der Arbeitnehmer nach der Rechtsprechung des BAG[28] eine solch unzulässige Weisung **nicht befolgen.** Der Arbeitgeber wiederum kann an die Nichtbefolgung keine Sanktionen knüpfen.

---

[27] Soweit nur das Außenverhältnis bzw. das Außen- und das Innenverhältnis des Unternehmens betroffen sind, wird auf die obigen Ausführungen zum einheitlichen Erscheinungsbild verwiesen.

[28] BAG, Urt. v. 18.10.2017 – 10 AZR 330/16 = NZA 2017, 1452.

Allerdings ist zu bedenken, dass der Arbeitnehmer in diesen Fällen nicht vor anderweitigen **außerrechtlichen Konsequenzen** geschützt ist. So ist es dem Arbeitgeber beispielsweise möglich, den sich weigernden Arbeitnehmer im Rahmen von Beförderungen unberücksichtigt zu lassen oder ihn gegebenenfalls durch eine weitere Weisung an einen anderen Arbeitsort zu versetzen[29], ohne dem betroffenen Arbeitnehmer die wahren Gründe für seine Entscheidung – nämlich die Nichtbefolgung der arbeitgeberseitigen (unrechtmäßigen) Weisung – mitzuteilen. In diesen Fällen kann sich für den Arbeitnehmer also ein **faktischer Zwang** ergeben, die eigentlich unzulässige Weisung zur genderneutralen Sprache zu befolgen.[30] Solange die Nichtberücksichtigung im Rahmen der Beförderung oder die Versetzung an einen anderen Arbeitsort nicht unzulässig sind, kann der Arbeitnehmer solchen faktischen Nachteilen jedoch nur schwer entgegenwirken. Ihm bleibt vielmehr nur die Möglichkeit, das Gespräch mit dem Arbeitgeber zu suchen, da in diesen Fällen auch nicht davon auszugehen ist, dass eine Gewerkschaft den Mitarbeiter unterstützen würde, wenn er denn überhaupt (noch) Mitglied einer Gewerkschaft ist.

4.2.3 Betriebsvereinbarung

Ein weiteres Instrument zur Statuierung von Pflichten stellt die Betriebsvereinbarung dar, vgl. § 77 BetrVG. Eine **Betriebsvereinbarung** gilt nicht nur im Verhältnis zwischen Arbeitgeber und Betriebsrat. Sie entfaltet vielmehr auch Wirkung auf die einzelnen Arbeitsverhältnisse[31] (sog. „Gesetz des Betriebes"[32]). Grundsätzlich können alle materiellen oder formellen Arbeitsbedingungen Gegenstand einer Betriebsvereinbarung sein[33], sodass ggf. auch die Verwendung genderneutraler Sprache – während der Arbeitszeit – ein zulässiger Regelungsgegenstand sein könnte. Allerdings findet auch eine Betriebsvereinbarung ihre Grenzen in der mittelbaren **Grundrechtsbindung der Betriebspartner,** insbesondere in der Wahrung des allgemeinen Persönlichkeitsrechts der Arbeitnehmer

---

[29] vgl. LAG Niedersachsen, Urt. v. 21.8.2009 – 10 TaBV 121/08 = BeckRS 2009, 73.377.

[30] Interessant insoweit die Parallelen zum Punktabzug bei universitären Prüfungen, wenn keine genderneutrale Sprache verwendet wird, vgl. https://www.welt.de/vermischtes/articl e229535073/Kassel-Student-benutzt-keine-genderneutrale-Sprache-Punktabzug.html.

[31] Kania, in: ErfK BetrVG, 21. A. 2021, § 77, Rn. 5.

[32] Werner, in: BeckOK Arbeitsrecht, Stand: 1.3.2021, BetrVG § 77, Rn. 9.

[33] Werner, in: BeckOK Arbeitsrecht, Stand: 1.3.2021, BetrVG § 77, Rn. 35.

aus Art. 2 I i.V.m. Art. 1 I GG.[34] Für die Frage, ob eine Regelung in einer Betriebsvereinbarung zulässig ist, ist abermals eine Abwägung der widerstreitenden Interessen erforderlich. Maßgeblich ist auch hier der konkrete Einzelfall. Insofern kann auf die obigen Ausführungen verwiesen werden. Da gemäß § 106 S. 1 GewO Betriebsvereinbarungen den einzelnen Weisungen vorgehen, muss auch eine Betriebsvereinbarung letztlich den gleichen rechtlichen Grenzen unterworfen sein wie eine Weisung.

4.2.4 Regelungstiefe

Wenn man davon ausgeht, dass der Arbeitgeber in zulässiger Weise eine Pflicht zur Verwendung genderneutraler Sprache vorsehen kann, stellt sich die Frage, wie konkret diese Pflicht gegenüber dem Arbeitnehmer ausgestaltet werden kann bzw. muss. Zunächst ist konkret der **Wirkungskreis** festzulegen, also ob die Sprachregelung nur gegenüber Externen oder zusätzlich auch im Rahmen der internen Kommunikation einzuhalten sein soll. In einem weiteren Schritt stellt sich die Frage, wie detailliert die verbindliche Sprachregelung vergebenen werden soll.

Die Thematik der vorgegebenen **Regelungstiefe** hängt in erster Linie davon ab, wie sehr der Arbeitgeber daran interessiert ist, an die Nichtbefolgung der Vorgabe bzw. Weisung **Sanktionen** knüpfen zu können. Je konkreter die arbeitgeberseitige Vorgabe ist (Gender-Stern, Gender-Gap, (großes) Binnen-„I", „Glottisschlag" etc.), desto eher dürfte eine Sanktionierung – die Zulässigkeit der Vorgabe unterstellt – rechtlich zulässig sein (zu den Häufigkeiten und Ausprägungen vgl. Abb. 4.1). Allerdings besteht gerade hier die Gefahr der **Unbilligkeit** der Weisung bzw. der Betriebsvereinbarung, wenn der Arbeitnehmer in seiner Ausdrucksweise zu sehr eingeschränkt wird. Denn je detaillierter die Sprachvorgaben im Unternehmen sind, desto stärker wird auch in das Persönlichkeitsrecht des Arbeitnehmers eingegriffen; damit steigen zugleich auch die Anforderungen an die **Rechtfertigung** des Eingriffs. So dürfte beispielsweise schon fraglich sein, ob eine Anordnung hinsichtlich der Art der genderneutralen Sprache (z. B. Nutzung des Gender-Sterns statt des Gender-Gaps) ausnahmsweise noch zulässig ist, selbst wenn der Anordnung das Interesse an der Einheitlichkeit des Schriftverkehrs (Regelungszweck) zugrunde liegt. Für den Zweck eines möglichst diskriminierungsfreien Umgangs im Unternehmen[35] wäre eine solche detaillierte Vorgabe

---

[34] Werner, in: BeckOK Arbeitsrecht, Stand: 1.3.2021, BetrVG § 77, Rn. 44.

[35] Zu der Frage, ob genderneutrale Sprache hierzu einen Beitrag leisten kann, wurde bereits weiter oben eingegangen.

Abb. 4.1 Wie PR-Abteilungen mit gendergerechter Sprache umgehen, Quelle: news aktuell GmbH

hingegen unzulässig. Die Zulässigkeit der vorgegebenen Regelungstiefe hängt damit maßgeblich von den mit der Regelung verfolgten Zwecken ab.

▷ **Tipp** Es empfiehlt sich daher für den Arbeitgeber, im Rahmen der Anordnung den Zweck zu dokumentieren. Dies sorgt zusätzlich für Transparenz im Unternehmen und kann im Idealfall auch das Verständnis der betroffenen Mitarbeiter fördern.

4.3 Arbeitsrechtliche Konsequenzen

Wie bereits ausgeführt, hängt die Zulässigkeit einer arbeitsrechtlichen Sanktionierung entscheidend von der Regelungstiefe der (rechtmäßigen) Vorgabe ab. Je konkreter der Arbeitgeber dem Arbeitnehmer die Art und Weise genderneutraler Sprache – zulässigerweise – vorgibt, desto eher liegt bei der Nicht-Verwendung bzw. Verwendung anderweitiger Formulierungen ein sanktionsfähiger Verstoß vor. Gesteht der Arbeitgeber dem Arbeitnehmer hingegen Formulierungsfreiräume zu, kann er auch nicht sanktionieren, sofern der Arbeitnehmer innerhalb dieser Freiräume handelt.

Kommt man insofern zu dem Ergebnis, dass im Einzelfall eine rechtlich zulässige Anordnung zur Verwendung genderneutraler Sprache vorliegt, ist zu klären, welche **Konsequenzen** sich aus einem pflichtwidrigen Handeln für den Arbeitnehmer ergeben können.

4.3.1 Ermahnung

Bei einem Verstoß gegen eine zulässige Weisung oder andere rechtsverbindliche Vorgaben hinsichtlich genderneutraler Sprache kommt zunächst eine Ermahnung des Arbeitnehmers in Betracht. Darunter ist eine formlose Maßregelung zum Zwecke der Besserung des Verhaltens des Arbeitnehmers zu verstehen. Sie enthält – im Gegensatz zur Abmahnung – keine Androhung von Sanktionen bei weiteren Pflichtverstößen und hat daher auch **keine rechtliche Bedeutung.**[36]

Ohne eine solche Ermahnung würde der Arbeitgeber aber Gefahr laufen, dass sich beim Arbeitnehmer ein Vertrauen dahingehend entwickelt, sein Fehlverhalten werde (nachhaltig) geduldet. Eine regelmäßige Duldung könnte dann gegebenenfalls sogar zu einer inhaltlichen Änderung des Vertrages führen.[37] Obwohl die Ermahnung – wie vorstehend ausgeführt – an sich keine rechtliche Bedeutung hat, kann der Arbeitnehmer daher dennoch gegen eine **zu Unrecht** erteilte Ermahnung vorgehen, wenn diese in die **Personalakte** aufgenommen wurde. In diesen Fällen ist eine Klage auf Entfernung der Ermahnung aus der Personalakte wegen einer Verletzung des Persönlichkeitsrechts statthaft.[38] Dafür ist nicht erforderlich, dass sie auf unzutreffenden Tatsachen beruht. Es genügt, wenn die Ermahnung unsachliche Werturteile enthält.[39]

4.3.2 Abmahnung

Anders als bei der Ermahnung beanstandet der Arbeitgeber im Rahmen einer Abmahnung die Leistungsmängel nicht nur auf eine für den Arbeitnehmer hinreichend deutlich erkennbare Art und Weise, sondern verbindet mit ihr gleichzeitig den Hinweis, dass im Wiederholungsfalle der Inhalt oder der **Bestand des Arbeitsverhältnisses gefährdet** sind. Die Abmahnung hat somit eine Rüge-, Dokumentations- und Warnfunktion.[40] In diesem Zusammenhang stellt sich – die Anwendbarkeit des Kündigungsschutzgesetzes unterstellt – insbesondere die Frage, ob es sich bei einem Verstoß gegen die Verwendung genderneutraler Sprache um einen verhaltensbedingten oder personenbedingten Verstoß handeln könnte. **Verhaltensbedingt** ist ein Verstoß, wenn der Arbeitnehmer schuldhaft

---

[36] Rolfs, in: BeckOK, Arbeitsrecht, Stand: 1.3.2021, KSchG § 1, Rn. 237.

[37] D. Happ, in: BeckOF Vertrag, Stand: 1.12.2020, Form. 2.1.25, Anm. 1.

[38] LAG Niedersachsen, Urt. v. 20.11.2014 – 5 Sa 980/14 = BeckRS 2015, 65.399.

[39] D. Happ, in: BeckOF Vertrag, Stand: 01.12.2020, Form. 2.1.25, Anm. 10.

[40] BAG, Urt. v. 19.7.2012 – 2 AZR 782/11 = NZA 2013, 91.

eine Verletzung seiner arbeitsvertraglichen Pflichten begangen hat.[41] **Personenbe-dingt** ist ein Verstoß, wenn der Arbeitnehmer aufgrund persönlicher Fähigkeiten, Eigenschaften oder nicht vorwerfbarer Einstellungen nicht mehr in der Lage ist, künftig eine vertragsgerechte Leistung zu erbringen.[42]

Grundsätzlich liegt bei einem Verstoß gegen eine rechtsverbindliche Arbeits-verpflichtung eine Pflichtverletzung und somit regelmäßig ein verhaltensbedingter Verstoß vor, der abgemahnt werden kann.[43] Anders ist dies jedoch zu beurteilen, wenn ein Mitarbeiter gar nicht versteht, worauf es bei der Verwendung gender-neutraler Sprache ankommt oder es bereits an einer **Sprachbarriere** scheitert. In solchen Fällen liegt ein personenbedingter Grund vor und eine Abmahnung ist mangels schuldhaften Fehlverhaltens unzulässig. Der Arbeitgeber trägt somit das Risiko, dass er nicht jeden Verstoß gegen die zulässige Weisung, genderneu-trale Sprache zu verwenden, in gleicher Weise sanktionieren kann. Das wiederum wird im Regelfall auf Unverständnis bei der Belegschaft stoßen und ebenso dem Betriebsklima und damit der Produktivität abträglich sein. In diesen Fäl-len bleibt dem Arbeitgeber im Ergebnis nur das letzte Mittel zur Sanktionierung, die personenbedingte Kündigung (siehe dazu sogleich Abschn. 4.3.3).

Erhält ein Arbeitnehmer eine Abmahnung zu Unrecht – beispielsweise, weil sie auf einer unzulässigen Weisung zum Gebrauch genderneutraler Sprache beruht – so stehen ihm verschiedene Möglichkeiten zur Verfügung, gegen die Abmah-nung vorzugehen. So kann der Arbeitnehmer beispielsweise auf **Entfernung** der Abmahnung aus der Personalakte klagen. Ein entsprechender Anspruch kann sich dabei aus §§ 242, 1004 BGB ergeben.[44] Beruht die Abmahnung auf einer inhaltlich unrichtigen Tatsachengrundlage, so kann der Arbeitnehmer eine **Gegen-darstellung** fertigen und gemäß § 83 Abs. 2 BetrVG bzw. bei Betrieben ohne Betriebsrat gemäß § 242 BGB[45] verlangen, dass diese zur Personalakte genom-men wird.[46] Des Weiteren steht dem Arbeitnehmer bei Betrieben mit einem Betriebsrat gemäß §§ 84 Abs. 1 S. 1, 85 Abs. 1 BetrVG ein **Beschwerderecht** zu.[47] Im Übrigen besteht für den Arbeitnehmer auch die Möglichkeit, die Recht-mäßigkeit der Abmahnung inzident im Rahmen eines Kündigungsschutzprozesses

---

[41] Rolfs, in: BeckOK, Arbeitsrecht, Stand: 1.3.2021, KSchG § 1, Rn. 212.

[42] BAG, Urt. v. 18.1.2007 – 2 AZR 731/05 = NZA 2007, 680, 681.

[43] Tillmanns, in: BeckOK, Arbeitsrecht, Stand: 1.3.2021, GewO § 106, Rn. 55.

[44] BAG, Urt. v. 27.11.2008 – 2 AZR 675/07 = NZA 2009, 842; LAG Mecklenburg-Vorpommern, Urt. v. 11.02.2020 – 2 Sa 133/19 = BeckRS 2020, 2572.

[45] Eisenbeis, in: MAH ArbR, 5. Aufl. 2021, § 18, Rn. 51.

[46] BAG, Urt. v. 27.11.1985 – 5 AZR 101/84 = NJW 1986, 1065 f.

[47] Vossen, in: Kündigungsrecht, 6. A. 2021, KSchG § 1, Rn. 414.

überprüfen zu lassen[48], sofern es zu einer Kündigung gekommen ist, die auf gleichartigem Fehlverhalten wie die Abmahnung beruht.

4.3.3 Kündigung

Hält sich der Arbeitnehmer auch nach rechtmäßig erfolgter – wiederholt erforderlicher – Abmahnung nicht an die Pflicht zur Verwendung genderneutraler Sprache (soweit diese überhaupt zulässigerweise verpflichtend eingeführt werden durfte), so dürfte – die übrigen kündigungsbezogenen Voraussetzungen unterstellt – eine **verhaltensbedingte Kündigung** als *ultima ratio* zulässig sein.

Obwohl eine Abmahnung bei personenbedingten Gründen mangels schuldhaften Fehlverhaltens des Arbeitnehmers unzulässig ist, hindert dies den Arbeitgeber grundsätzlich nicht daran, dem Arbeitnehmer gegenüber eine **personenbedingte Kündigung** auszusprechen. Eine solche Kündigung ist aber nur dann gerichtsfest, wenn das Beendigungsinteresse des Arbeitgebers das Bestandsinteresse des Arbeitnehmers überwiegt.[49] Das dürfte insbesondere dann zweifelhaft sein, wenn das Ausmaß der betrieblichen Beeinträchtigung aufgrund der Nichtverwendung genderneutraler Sprache im konkreten Fall nur gering geblieben ist[50], wovon regelmäßig auszugehen ist. Auch muss der Arbeitgeber zunächst überprüfen, ob er den Arbeitnehmer nicht an anderer Stelle im Betrieb, an der es auf den Gebrauch genderneutraler (z. B. mangels externen Kundenkontakts) nicht ankommt, beschäftigen kann.[51] Eine personenbedingte Kündigung dürfte daher allenfalls in extremen Einzelfällen als *ulima ratio* zulässig sein.

4.4   Mitbestimmungsrechte des Betriebsrats

Beabsichtigt ein Arbeitgeber den Gebrauch genderneutraler Sprache verbindlich im Unternehmen einzuführen, so hat er hierbei ggf. etwaige Mitbestimmungsrechte des Betriebsrats zu berücksichtigen. Ein Mitbestimmungsrecht kann sich insbesondere aus § 87 I Nr. 1 BetrVG ergeben. Danach hat der Betriebsrat in Angelegenheiten mitzubestimmen, die Fragen der **Ordnung des Betriebs** und des Verhaltens der Arbeitnehmer im Betrieb betreffen. Mitbestimmungsfrei sind

---

[48] Eisenbeis, in: MAH ArbR, 5. Aufl. 2021, § 18, Rn. 55.

[49] Oetker, in: ErfK ArbR, KSchG, 21. A. 2021, § 1, Rn. 108.

[50] Rolfs, in: BeckOK, Arbeitsrecht, Stand: 1.3.2021, KSchG § 1, Rn. 109 ff.

[51] BAG, Urt. v. 17.05.1985 – 2 AZR 109/83 = NZA 1985, 489.

hingegen Anordnungen, die die Erbringung der Arbeitsleistung selbst betreffen.[52] Die Frage, ob die Einführung einer genderneutraler Sprache gegenüber externen Vertragspartnern die Ordnung des Betriebs oder das Verhalten betrifft, beurteilt sich nach dem objektiven Regelungszweck, also dem Zweck der arbeitgeberseitigen Anordnung. Liegt der Zweck dabei in der Gewährleistung eines einheitlichen (externen) Schriftverkehrs und damit in einer einheitlichen Außendarstellung des Unternehmens, so betrifft dies allein die Ordnung des Betriebs.[53] Die Einführung einer Pflicht zum Gebrauch genderneutraler Sprache ist in diesem Fall **mitbestimmungspflichtig**. Anderes gilt nur dann, wenn der Anordnung ein anderer Zweck zugrunde liegt (z. B. Verminderung von Diskriminierung, Vermeidung von Entschädigungsansprüchen, s. o.) und die Anordnung daher die Arbeitspflicht selbst betrifft[54] (soweit diese überhaupt zulässig wäre).

4.5   Zwischenergebnis

Zusammenfassend lässt sich feststellen, dass eine verpflichtende Anordnung zur Verwendung genderneutraler Sprache gegenüber Arbeitnehmern im Einzelfall arbeitsrechtlich zulässig sein kann. Maßgeblich ist jedoch – insbesondere bei der Ausübung des Weisungsrechts – stets der Zweck der Verpflichtung.

Verbindliche Weisungen und arbeitsrechtliche Sanktionen betreffend die Anordnung genderneutraler Sprache sind jedoch mit einem **hohen Unwirksamkeitsrisiko** behaftet. Zudem sieht selbst die öffentliche Verwaltung von einer zwingenden Verpflichtung ihrer Mitarbeiter zur genderneutralen Sprache ab. Und das, obwohl es sich bei solchen Regelungen um lediglich organisatorische Entscheidungen handelt, die aufgrund des Sonderrechtsverhältnisses, in dem die Beamten mit dem Staat stehen, keinen Eingriff in die persönliche Rechtssphäre der Beamten darstellen dürften.[55] Zwingende Verpflichtungen dürften daher erst recht im „klassischen" privatrechtlichen Arbeitsrecht kritisch zu betrachten sein.

---

[52] Werner, in: BeckOK, Arbeitsrecht, Stand: 1.3.2021, BetrVG § 77, Rn. 41.

[53] Vgl. bzgl. Arbeitskleidung: BAG, Urt. v. 11.6.2002 – 1 ABR 46/01 = NZA 2002, 1299.

[54] Vgl. z. B. BAG, Urt. v. 8.6.1999 – 1 ABR 67/98 = NZA 1999, 1288.

[55] Vgl. BVerwG, Urt. v. 18.10.2001 – 1 WB 56, 58/01 = NVwZ 2002, 610.

Die Genderthematik und mit ihr die Gendersprache sind ein **emotionalisiertes gesellschaftliches Thema** von identitätspolitischer Dimension. Die Gender-Akteure beanspruchen dabei für ihre Agenda eine **ethisch-moralische Rechtfertigung.** Dabei wurde inzwischen das ursprüngliche und berechtigte Anliegen einer gleichen Teilhabe zugunsten der Verfolgung einer Identitätspolitik hinter sich gelassen. Dieses, mit Verve verfolgte und von **Empörungswellen** in den sozialen Medien flankierte Anliegen hat inzwischen auch die Unternehmen erreicht. Eine nicht unerhebliche Anzahl „rät" inzwischen ihren Mitarbeitern auf **freiwilliger Basis,** unternehmensintern wie -extern zu „gendern", obgleich die Mehrheit der Bevölkerung eine Gendersprache ablehnt; viele weitere Unternehmen beabsichtigen, sich diesem Trend anzuschließen. Unterstellt man allerdings, dass die Genderforschung auch weiterhin ihren gesellschaftlichen Druck aufrechterhalten wird, so werden sich auch früher oder später die Mitarbeiter mit einer **verpflichtenden Umsetzung** von Gendersprache im Unternehmen auseinanderzusetzen haben. Hierbei sind sowohl gesellschaftsrechtliche, wie auch arbeitsrechtliche Implikationen und Anforderungen zu berücksichtigen.

Das vorliegende Werk hat hierbei die gesellschafts- und arbeitsrechtliche Rechtslage analysiert und entsprechende Schlussfolgerungen herausgearbeitet.

Grundsätzlich ist eine freiwillige Einführung jederzeit und ohne rechtliche Probleme möglich. Eine verpflichtende Einführung muss sich zunächst an den Erfordernissen einer **unternehmerischen Entscheidung** messen lassen, die für die Erfüllung der Sorgfaltspflichten der Geschäftsleitung wesentlich ist. Im Regelfall dürfte die Einführung genderneutraler Sprache aus diesem Blickwinkel unproblematisch sein. Komplexer wird die juristische Umsetzung allerdings im **arbeitsrechtlichen Bereich,** wo zwar unterschiedliche Einführungsmöglichkeiten bestehen (Arbeitsvertrag, Weisung, Betriebsvereinbarung etc.), eine Umsetzung jedoch an einigen Hürden scheitern kann. Nach einer verbindlichen Einführung sind zudem die arbeitsrechtlichen Reaktionsmittel zu beleuchten, die ein Verstoß gegen die Anwendung der Gendersprache nach sich ziehen können.

Die Frage, ob eine (freiwillige oder verpflichtende) Gendersprache im Unternehmen umgesetzt werden sollte, scheint vor dem Hintergrund der überwiegenden Ablehnung der Gendersprache in der Bevölkerung Ergebnis allerdings mehr als fraglich. Es bleibt zudem abzuwarten, wie der **Gesetzgeber** und die **Rechtsprechung** weiter mit der Thematik der genderneutralen Sprache in Unternehmen verfahren werden.

Was Sie aus diesem *essential* mitnehmen können

- Eine Kurzzusammenfassung der aktuellen Genderthematik
- Eine gesellschaftsrechtliche Analyse der Einführung von Gendersprache im Unternehmen

Literatur

Albert/Bluhm/Schiefer Ferrari (Hrsg.), Political Correctness – Kultur- und sozialgeschichtliche Perspektiven, Baden-Baden: Tectum Verlag 2020.

Ammer, Die deutsche Sprache und ihre Geschlechter, Paderborn: IFB Verlag Deutsche Sprache 2019.

Ascheid/Preis, Kündigungsrecht, 6. Auflage 2021.

Bachmann, NVwZ 2008, 754, 755.

Bachmann, NJW 2018, 1648, 1649.

Brose/Greiner/Preis, NZA 2011, 369, 370.

Diewald/Steinhauer, Richtig gendern. Wie Sie angemessen und verständlich schreiben. Berlin: Dudenverlag 2017.

Duve/Ruppert, Rechtswissenschaft in der Berliner Republik, 2018.

Eisenberg, Das Deutsche ist eine geschlechtergerechte Sprache – ohne Zwang und ohne Manipulation. In: Bundeszentrale für politische Bildung, 8.8.2018.

Epp, Helga M. (Hrsg.), Gender Studies Interdisziplinäre Ansichten 1. Freiburg i. Br.: Druckerei Franz Weis GmbH 2004.

Erfurter Kommentar zum Arbeitsrecht, 21. Auflage 2021.

Festschrift für Franz Jürgen Säcker zum 70. Geburtstag, 2011.

Graewe/Bogensee, BB 2020, 1603.

Henssler/Strohn, Gesellschaftsrecht, 5. Auflage 2021.

Hüffer/Koch, Aktiengesetz, 15. Auflage 2021.

J. Vetter, ZGR 2018, 338, 367.

Kiel/Lunk/Oetker (Hrsg.), Münchener Handbuch zum Arbeitsrecht, 4. Auflage 2018.

Klann-Delius, Sprache und Geschlecht. Stuttgart: J.B. Metzlersche Verlagsbuchhandlung 2005.

Kopke, NJW 1996, 1081, 1082 f.

Kotthoff, Gender-Sternchen, Binnen-I oder generisches Maskulinum, … (Akademische) Textstile der Personenreferenz als Registrierungen?, In: Linguistik online 103, 3/20.

Kotthoff, Helga; Nübling, Damaris (Hrsg.), Genderlinguistik – Eine Einführung in Sprache, Gespräch und Geschlecht. Tübingen: Narr 2018.

Krauß/Weise (Hrsg.), Beck'sche Online-Formulare Vertrag, 55. Edition 2021.

Laskowski, ZRP 2001.

© Der/die Herausgeber bzw. der/die Autor(en), exklusiv lizenziert durch Springer Fachmedien Wiesbaden GmbH, ein Teil von Springer Nature 2021
D. Graewe und M. Bogensee, *Genderneutrale Sprache im Unternehmen*, essentials, https://doi.org/10.1007/978-3-658-35157-1

Meinunger/Baumann (Hrsg.), Die Teufelin steckt im Detail – zur Debatte um Gender und Sprache. Berlin: Kulturverlag Kadmos 2017.

Maunz/Dürig, Grundgesetz, 92. EL August 2020.

Moll (Hrsg.), Münchner Anwaltshandbuch Arbeitsrecht, 5. Auflage 2021.

Mutter, Unternehmerische Entscheidungen und Haftung des Aufsichtsrats der Aktiengesellschaft, 1994.

Münchener Kommentar zum Aktiengesetz, 5. Auflage 2019.

Münchner Kommentar zum BGB, 8. Auflage 2018.

Paefgen, Unternehmerische Entscheidungen und Rechtsbindung der Organe in der AG, 2002.

Reisigl/Spieß (Hrsg.), Sprache und Geschlecht – Band 2: Empirische Analysen. Duisburg: Universitätsverlag Rhein-Ruhr 2017.

Rolfs/Giesen/Kreikebohm/ Meßling/ Udsching (Hrsg.), BeckOK Arbeitsrecht, 59. Edition, Stand 1.3.2021.

Schaub/Koch, Arbeitsrecht von A-Z, 25. Auflage 2021.

Vogt/Oltmanns, NZA 2014, 181.

Voß, Das differenzierte Geschlechterverständnis der Antike. In: *Gender*, 2: S.61–74, 2009.

Walden, NZG 2020, 50, 59.

Walden/Depping, CSR und Recht, 2015.

W*iese*, ZfA 1971, 273, 299.

Zimmerling, MDR 1997, 224.

LEHRBUCH

Daniel Graewe *Hrsg.*

Wirtschaftsrecht

Lehrbuch für Master-Studiengänge

2. Auflage

Springer Gabler

Printed in the United States
by Baker & Taylor Publisher Services